作者简介

刘　昕

　　吉林省吉林市人，业内人称"大刘哥"，中国人民大学 EMBA，YOU+ 国际青年社区联合创始人，曾任职于新华社吉林信息社、九鑫集团。

　　2011 年创办 YOU+ 国际青年社区后，凭借社群化运营的管理理念，五分钟获雷军的顺为资本亿元融资，将住房租赁行业推向风口。2016 年联合多家知名品牌公寓成立全国首家省级住房租赁行业协会——广东省公寓管理协会；于 2017 年创建广州市房地产租赁协会，并担任首届会长。

　　深耕住房租赁行业十余年，致力于立行业标杆，带行业见光，为行业赋能，推动中国住房租赁行业的品牌化、标准化、规模化建设。

2014 年 7 月，YOU+ 国际青年社区创始人和投资人合影（左起：刘昕、刘洋、雷军、苏苪）

2014 年 11 月，长租公寓部分品牌创始人第一次聚会（其中包括：刘昕、仝霁、刘翔、王宇、何光、刘洋、胡振寅等）

2015 年 7 月，中国公寓创业高峰论坛在上海举行（左八：房东东创始人全雳）

2016 年 10 月，广东省公寓管理协会成立

2016 年 11 月，UONE 优望公寓首个大型租赁社区开业（左一：UONE 优望公寓董事长丘运贤）

2016 年 12 月，领教工坊私董会莅临小水滴（右一：小水滴科技创始人兼 CEO 冯玉光）

2017 年 10 月，广州市房地产租赁协会成立

2018 年 1 月，优客逸家吉祥物"胖狗"亮相（左四：优客逸家创始人兼 CEO 刘翔）

2017 年 5 月，安歆集团宣布完成 B 轮 &B+ 轮融资（左起：涌铧投资合伙人洪亦修、嘉御基金董事长卫哲、安歆集团创始人 CEO 徐早霞、启明创投联合创始人甘剑平、PCP 合伙人黄进钧等）

2017 年 11 月，全国首单住房租赁类 REITs——新派公寓权益型房托资产支持专项计划成功发行（新派公寓创始人兼 CEO 王戈宏）

2018 年，窝趣公寓在北上广深等八大城市举办主题为"年营收提升 2 倍 + 的全链条公寓运营秘籍"的全国巡回培训分享会（窝趣公寓创始人兼 CEO 刘辉）

2019 年 3 月，魔方生活服务集团完成 1.5 亿美元 D 轮融资（左二：魔方生活服务集团 CEO 柳佳）

2019 年 3 月，会找房全国合作伙伴大会暨全房通新版上线发布会（会找房、全房通创始人兼 CEO 李磊演讲）

2019 年 4 月，乐乎五周年伙伴大会（乐乎公寓集团创始人兼 CEO 罗意致辞）

2019 年 12 月，第一届中国住房租赁企业家领袖峰会·白云山论坛大合影

2019 年 11 月，青客公寓登陆纳斯达克挂牌上市（左二：青客公寓创始人金光杰）

2020 年 1 月，旭辉瓴寓与新加坡政府投资公司（GIC）在沪举行长租公寓投资平台启动仪式（左一：旭辉瓴寓董事长张爱华）

2020 年，深圳市公寓租赁行业协会会员招募会（二排左七：协会会长甘伟）

2020 年 11 月，第二届白云山论坛举行剪彩仪式（左四起：中国饭店协会公寓委员会专家组组长穆林、建设银行广东省分行副行长梁海燕、广东省公寓管理协会会长刘昕、广东省住房和城乡建设厅领导、广州市住房和城乡建设局领导、中央和国家机关行业协会商会住建联合党委书记张力威、广州市房地产租赁管理所领导、中国饭店协会副会长平安稳、清华大学建筑设计研究院建筑产业化分院副院长宋兵、会找房与全房通创始人兼 CEO 李磊、广东省公寓管理协会秘书长徐再军等）

2021 年 1 月，魔方生活服务集团"守初心，征新程"主题年会（团队规模近千人）

广东省公寓管理协会组织住房租赁行业国有企业之间开展交流学习

2021年8月，广州市房地产租赁协会参观广州首个政策协同探索、多体联动创新的"工改租"会员项目（一排左七：协会会长刘昕）

租赁十年

中国住房租赁行业发展纪实

刘昕◎主编

中华工商联合出版社

图书在版编目（CIP）数据

租赁十年 / 刘昕主编 . -- 北京：中华工商联合出
版社，2022.6

ISBN 978-7-5158-3475-7

Ⅰ．①租… Ⅱ．①刘… Ⅲ．①住宅市场－租赁业－概
况－中国－ 2012-2022　Ⅳ．① F299.233.5

中国版本图书馆 CIP 数据核字 (2022) 第 097879 号

租赁十年

主　　编：刘　昕
出 品 人：刘　刚
责任编辑：吴建新 林　立
装帧设计：张合涛
责任审读：郭敬梅
责任印制：迈致红
出版发行：中华工商联合出版社有限责任公司
印　　刷：北京毅峰迅捷印刷有限公司
版　　次：2022 年 10 月第 1 版
印　　次：2022 年 10 月第 1 次印刷
开　　本：710mm×1000mm　1/16
字　　数：179 千字
印　　张：13.5
书　　号：ISBN 978-7-5158-3475-7
定　　价：69.00 元

服务热线：010-58301130-0（前台）
销售热线：010-58301132（发行部）
　　　　　010-58302977（网络部）
　　　　　010-58302837（馆配部）
　　　　　010-58302813（团购部）
地址邮编：北京市西城区西环广场 A 座
　　　　　19-20 层，100044
http://www.chgslcbs.cn
投稿热线：010-58302907（总编室）
投稿邮箱：1621239583@qq.com

工商联版图书

版权所有　盗版必究

凡本社图书出现印装质量问题，
请与印务部联系。
联系电话：010-58302915

本书编委

毕德生　冯玉光　甘　伟　金光杰　李　磊　刘　辉
刘　翔　刘　洋　柳　佳　罗　意　穆　林　丘运贤
全　霁　王戈宏　徐再军　徐早霞　张爱华

十七位联合出版人信息（按姓氏排列）

- **毕德生** —— 宽寓董事长 —— 开辟住房租赁行业新"合伙人机制"
- **冯玉光** —— 小水滴科技创始人兼CEO —— 租赁社区智慧化运营第一人
- **甘 伟** —— 深圳市公寓租赁行业协会会长 —— 地产圈最具金融思维的租赁人
- **金光杰** —— 青客公寓创始人 —— 中国住房租赁行业"试金石"
- **李 磊** —— 会找房与全方通创始人兼CEO —— 推动住房租赁行业进步长期主义践行者
- **刘 辉** —— 窝趣公寓创始人兼CEO —— 轻资产托管加盟模式开创者
- **刘 翔** —— 优客逸家创始人兼CEO —— 分散式住房租赁模式探索家
- **刘 洋** —— YOU+国际青年社区创始人兼董事长 —— "引爆"住房租赁行业第一人
- **柳 佳** —— 魔方生活服务集团CEO —— 住房租赁行业标准引领者、政策推动者
- **罗 意** —— 乐乎公寓集团创始人兼CEO —— 创业系轻资产运营模式探索者
- **穆 林** —— 中国饭店协会公寓委员会专家组组长 —— 学术型住房租赁文化传播专家
- **丘运贤** —— UONE优望董事长 —— 中国大型租赁社区开拓者
- **全 雳** —— 房东东公寓学院创始人 —— 住房租赁行业校长
- **王戈宏** —— 新派公寓创始人兼CEO —— 中国住房租赁资产类REITs破冰第一人
- **徐再军** —— 广东省公寓管理协会秘书长 —— 住房租赁行业协会第一创办人
- **徐早霞** —— 安歆集团创始人兼CEO —— 引领企业员工公寓第一人
- **张爱华** —— 旭辉瓴寓CEO —— 地产系租赁大社区领跑者

英雄当此承受

——写给租赁行业的各位同行和人物

（一）

大约十年前，万科公司的郁亮先生说房地产开发的"黄金时代"结束了，进入了"白银时代"。那时正是"租赁十年"的起点。之前的租赁还属于"刀耕火种"的"黑铁时代"。

有关于行业的时代描述，我愿意采用古希腊的划分方法，即从高到低为："黄金时代""白银时代""青铜时代""英雄时代"和"黑铁时代"。

这是中国房地产开发从横空出世遍地黄金、形成模式规范的百强争银、全国复制周转为王的刀剑比武，到进入几大豪强的英雄战国。目前正在上演的一幕是"英雄时代"结束，进入回归精耕细作的农耕"黑铁时代"，每个时代差不多十年。

而租赁行业非常不幸，正相反。

（二）

也就是说，租赁行业的兄弟们，包括我本人都没有意识到。十年前我们觉得风口来了，应该是走开发行业同样的时代路子，事实上，我们为此付出了沉重的时代认知代价。

这本书描述的租赁十年，其实正确的打开形式是认识"黑铁时代"，而绝非"黄金时代"。因为农耕时代时，什么融资、PE、产业基金、IPO等在"颗粒归仓"的计算下，统统不成立。

现在租赁行业上演的是"英雄时代"的大幕开始拉启，距离"青铜"和"白银"还差十年多，更不要说步入"黄金时代"了。

（三）

在"黑铁时代"这十年，所有的理想、激情、失败和教训，都是一个大浪淘沙的过程，让我们对所处的大地有更深的了解，让我们对工具有更好的磨炼，也让租赁这个行业在增长着知识，积累着"know how"。

我们中华文明几千年在农耕社会才能变得更务实，更知晓季节变化，更知道生存的智慧——坚持！书中各位人物的故事，正是一个行业在其少年儿童期的作业典范。由此，我们才能进入"英雄时代"。

所谓"英雄时代"，可以类比的历史是第一次工业革命时期，是行业知识大爆发，行业真正英雄大显身手，行业规模开始真正扩大，并影响人们生活的时代。

（四）

"英雄时代"无疑由"英雄"主导格局，但它隐含的意思是"英雄"们必须为此付出更多的努力，承受更多的压力和代价：

正确的时代定位；

确定的行业价值；

规范的行业标准；

为社会所尊重。

每一条都不容易。要想得到租赁的黄金时代，光靠理想和激情绝对不够，这个行业的成熟与否，正在于"英雄"们承受痛苦、接受现实、坚持改变，才能享受英雄的业绩。

好在"白银时代"和"黄金时代"都在后面等着，英雄当此承受！

世联行联席董事长　陈劲松

住山不记年

十年，能改变什么？

对此，不同人有不同的答案。

时间对于人类而言，从来都不只是单纯无差别的数字累积，它向来承载和被赋予了异常厚重的人为意义。无论是个体、社会或是国家，甚至上升到整个人类，时间都在不停地锻造它们的走势，在每个阶段，都给予它们最鲜明的特点。任何个人的悲欢最终都将与时空融合，成为各种平庸或者传奇的故事，仅供后世参考。

经年累月中，思想、事实发生激烈的交锋碰撞，也温柔地让步和解，人类正是在不断的冲突与和解中，一步步前行至此。

"黄尘清水三山下，更变千年如走马"，从 2012 年到 2021 年，中华大地沧桑巨变，以令世人惊叹甚至恐惧的速度，一跃成为全球第二大经济体。在此背景下，我将生命中最好的时间都投注于住房租赁行业的实践中。

有人说："这个行业发展得真好，十年之间，如春笋般遍地，引领了潮流，创造了全新的商业模式。"也有人说："这个行业发展得真烂，时时暴雷，处处危机，信誉几乎为零。"

关于住房租赁行业的发展状况，这些人各自说对了一半。

事物永远不是单一或孤立存在的。我试图对这十年来住房租赁行业的发展作出一个客观而得体的总结，但这十年来行业内蕴藏着的突进或回旋，沉淀或躁动，虚无或真实，都无法仅以一言概之。

更何况"住山不记年，看云即是仙"，越是身在此中，越是当局者迷。

但无论事物是多么复杂的几何体，将时间拉长，依旧能够看到每个阶段它们最鲜明的特点。

从宏观视角看，这十年是住房租赁行业从无到有的十年，我愿称之为"见光的十年"。

住房租赁行业素来饱受社会诟病，一些不规范的行为或现象在人们心中留下了深刻印象，很难轻易得到改观。很长一段时间内，这个行业看上去都是"见不了光"的。

黑暗中待久了，不仅不会安于黑暗，反而愈发想见到光明，尤其是当你本来就曾见过光明。

所幸，从2012年开始，住房租赁行业开始从黑暗中摸索着走出，开始窥见一丝天光。

2012年到2013年，党的十八大报告提出"建立市场配置和政府保障相结合的住房制度，加强保障性住房建设和管理，满足困难家庭基本需求"等方针，国家开始重视住房租赁行业，进而陆陆续续出现了一些住房租赁企业，如魔方、新派、YOU+等。这是行业的开端阶段，这些横空出世的先行者们，犹如一道利剑，在黑夜上空劈开了一道口子，光亮得以渗进一些。但此时，整体是灰暗的，市场处于无序而野蛮的生长状态，全然凭借新生事物自身的韧性，踽踽独行。

2014年到2016年，"房子是用来住的，不是用来炒的"政策再一次强调了住房的民生属性，政策、资本双风口降临，住房租赁行业一时间风头无两，成为炙手可热的投资首选。创业者、房地产商、房屋中介、国有企业和原有的"中小二"房东，一股脑地携着资本涌入，各自攻城略地、"占山为王"。此刻，住房租赁行业韶光正好，彩云拂衣。

2017年到2018年，"培育机构化、规模化住房租赁企业；建设政府住房租赁交易服务平台；增加租赁住房有效供应；创新住房租赁管理和服务体制"等政策一一颁布，整个住房租赁行业焕发出别样的生机。新兴行业与其他各个行业开始相融、交汇，形成了完整而出彩的上下游产业链。这是许多住房租赁行业从业者最想看到的盛况。住房租赁行业在此时迎来高光，异彩斑斓。

2019 年到 2021 年，住房租赁行业躁动的血液开始冷静下来，一些激进分子被时代和行业抛弃。"租购并举、因城施策"的特定政策在行业大清洗后施行，那些留下来的坚守初心、精耕细作的企业，再次出发。

我们惊喜于在故事的结尾看到开始时就出场的人物，惋惜早早退场的"配角"，也赞叹后来居上的"天才"。在这些大大小小、灿若星河的人物事迹中，我们窥得一丝行业发展的规律。

但故事仍未结束，谁是最终的赢家，我们不得而知，请记住，种一棵树最好的时间是十年前，其次是现在。

刘昕
2022 年春

C目录 ONTENTS

微光

不谋万世者，不足谋一时；不谋全局者，不足谋一域。

——清·陈澹然《寤言》

2012 年　风起于青萍之末

2012 年，住房租赁行业以恭迎四方来客的姿态昂扬生长着。多个企业冲决而出，渴望在住房租赁行业大展拳脚，一鸣而为天下知。这些企业如天幕星辰四散于山南海北，从不同的轨迹坠局，却不可避免地被同一种独特的磁场左右，竟在不知不觉间，踏上了"殊途同归"的道路。

彼时住房租赁行业中的各个企业仿佛正在同一考场内焦灼答题，不约而同地于笔尖落下相似的答案，而我们只需拈起一篇答卷，便能由一窥得全貌。

住房租赁时代到来

2012 年，《逃离北上广：哪一片天空属于我》一书畅销，"逃离北上广"这一话题引发热议，并得到空前发酵。这是继 2010 年《蜗居》之后，现实主义话题再一次直击大众内心，赤裸裸地剖开炫目繁华背后潜藏着的令人心酸的真相。

此时，"80 后"集体奔"三"，"三十而立"的观念与高昂的房价、惨烈的竞争之间形成了难以化解的矛盾，焦虑、压抑的情绪便喷薄而出。人们开始纷纷思索，是否只有离开一线城市，才能真正安身立命？

但"想做就做""说走就走"显然不切实际。在纠结与挣扎中，生活仍然在继续，一睁眼还是要面对同样的问题。

买不起房，那么只有租房。"以天为盖，以地为席"，始终只是黄粱一梦般的、不切实际的虚幻浪漫。身体于何处安放，心灵又徜徉何地，成为每个在一线城市漂泊之人的"心魔"。

彼时，一个新的判断人们生活质量水平的概念横空出世——"房格尔系数"。这个概念由国际上常用的划定贫困线的方法"恩格尔系数"演变而来，

"恩格尔系数"是指家庭富裕程度的是居民家庭中食物支出占消费总支出的比重，这一比重越大，说明家庭越贫困；这一比重越小，说明家庭越富裕。

在"房格尔系数"中，评判家庭富裕程度的标准是租房的支出占消费总支出的比重。这个比重应当控制在30%以内，如果超过30%，则说明租房压力过大，已经影响了生活质量。

根据北京市海淀区人力资源社会保障局发布的《北京市历年社会平均工资、缴费基数上下限、缴费比例一览表》显示，2012年北京全市职工月平均工资为5223元。按照30%的比重，人们花费在房租上的支出不能超过1566.9元。对于刚刚毕业留在北京的应届生而言，这个数字更低。

那么，1566.9元，在北京能租一个什么样的房子呢？即使在2012年，在四环之内，1566.9元也只够租一个"老破小"的小单间。再加上水电费、燃气费、网费等一系列衍生费用，能将住房成本控制在2000元以内，已经非常难得。也就是说，普通人一个月赚的钱，几乎有一半要"上交"给房东。

比金钱压力更让人难以喘息的是住房条件的恶劣。那个时候比较流行地下室，几乎没有成套的房屋出租，都是二房东隔出来的小单间。厨房、阳台、卫生间，已经算得上是"奢侈品"，很少有房间能同时提供。一套两居室里，甚至能隔出七八间房来。

澎湃新闻当年曾写过一篇关于北京租房者的文章：网友茜茜隔壁住着一对夫妻，那个丈夫不怎么讲卫生，夏天穿个裤衩到处晃，尿滴到马桶外边都是常态；另一间房间里的情侣，不愿意交水电煤气费，但凡是涉及钱的问题，要算到几毛几分，还不肯退让；隔壁的大姐总是在凌晨12点破口大骂邻居，嗓门洪亮，声音铿锵有力，不把人吵死不善罢甘休；客户们没人打扫卫生，厨余垃圾就放到地上不扔，上面爬满了臭虫，任凭地上的血水、油水混合凝固着……

而在其他超一线城市，如上海、深圳等，也存在着同样的问题。一个非常怪诞而诡异的现象普遍存在着：在同一个小区里，有的"三房"变"九房"，人塞得满满当当，没有一丝多余的空间；有的房屋却一直空着，没有一个人住。

原因是大量房东购买房屋的目的是投资，所以也就没有心思去装修，这些没有装修的房子自然是无法住人的。与此同时，客户每个月只能拿出1000~2000元钱租房，并且由于工作具有不稳定性，随时都有可能离开。房东的房屋没有装修，客户找不到合适的房源，市场需求与产品供给之间出现了非常大的落差。

有"痛点"就有市场，于是这个落差的填平者出现了——二手房东。二手房东将没有装修的房屋进行简单甚至粗糙的装修之后，便开始对外招租。房东拿到了能够贴补房贷的房租，客户租到了勉强能够住下的房屋，二手房东成为房屋租赁市场的主导者，市场需求与产品供给之间达成了短暂的平衡。

但彼时的房屋租赁行业几乎处于一种野蛮而又粗放的无序生长中，没有服务，更谈不上品质。客户只能在一个又一个条件恶劣的房屋中搜索出其中不那么差的一间，房东也只能收取远低于市场价格的房租，而在这个过程中，应当成为信息收集和发散中心的中介，却几乎成了一个可有可无的透明人。

在如此种种境况之下，住房问题成了大众最关心的问题之一。住房问题既是民生问题也是发展问题，关系千家万户切身利益，关系人民安居乐业，关系经济社会发展全局，关系社会和谐稳定。

为此，2012年，党的十八大提出"统筹推进城乡社会保障体系建设，把全面建成覆盖城乡居民的社会保障体系作为全面建成小康社会的重要目标"。其中，明确指出了推进社会保障制度改革和事业发展的基本方针和重大举措。

例如"要以增强公平性、适应流动性、保证可持续性为重点全面建成覆盖城乡居民的社会保障体系""健全社会保障经办管理服务体制，建立更加便民快捷的服务体系""扩大社会保障基金筹资渠道，建立社会保险基金投资运营制度，在确保基金安全的前提下实现保值增值"等。

重点提出建立市场配置和政府保障相结合的住房制度，加强保障性住房建设和管理，满足困难家庭基本需求。

这是对当时我国住房问题的针对性政策，是对国民住房问题的重视。在十八大的引领下，中国住房租赁的美好时代到来了。

卓有远见的先驱者

在这一时期里，除国家政策外，住房租赁企业如何破局租房痛点，让租房市场更加真实、透明，创造更好的租住条件，也是值得深思的。一家名为"自如"的住房租赁企业由此诞生。

自如广州区总经理林丽，刚刚大学毕业便入职自如，成为第一个本科毕业的"女管家"。

"管家"是自如打造的特殊岗位，负责房屋出租和服务工作。每位管家都需要进行职业技能培训，从见面打招呼到工作结束送别客户，都有着专业化的服务流程。自如的每一位管家都曾在沟通力、专业性，甚至抗压性等十项能力上经历了严格的面试筛选，最终每项均达到优秀的绝对能力者才能胜任管家一职。

除此之外，自如还十分看重管家们的热情度与精力值，纸上谈兵永远不及亲力亲为，他们需要走到大街上去，亲自寻找和搜集关于房源的各类消息，将所有捕捉到的细节加工成精准信息供应给客户去定制化服务。

在林丽刚刚加入自如时，老员工们在私下打赌，赌她什么时候辞职，一个月、两个月还是三个月。一个刚刚大学毕业、22岁的年轻女孩，在他们眼中，是万万不可能经受起租赁行业的"摧残"的。林丽偶然间听到这些赌注，甚是诧异，也暗自不服，默默地憋了股劲儿，想做给这些老员工看。

可才上了三天班，林丽就理解了这些老员工为什么要打这样的赌了。凌晨一两点，租户忘带钥匙，要林丽去想办法帮他开门；合租租户家里煤气费、水费、电费分配不均，要求林丽"主持公道"；维系了三天的一名客户，口头上答应与林丽签约了，转身却选择了另外一家中介公司；甚至有客户半夜睡不着，打电话给林丽，让林丽陪他聊天……

处理一件或是两件事情，尚且能够应付，可现实情况是，许多事情会在顷刻间，齐齐向你砸来。"太阳底下没有新鲜事"，这些事情在租赁行业成为司空见惯的景象，每天都在循环上演。

房屋租赁行业需要青年投身一线，放下骄傲与自矜，在与房东和客户的反复沟通中，以真正的服务心态去帮助客户解决问题。如果这些年轻人自视清高、鲁莽、草率、对客户不屑一顾，很快便会被行业淘汰，就应了老员工们的赌约。

林丽没有放弃，她不想成为老员工赌赢后洋洋自得的谈资，她要让那些藏不住戏谑的探究目光，在某一天全部变成难掩惊诧的叹服。

而解决这些困顿的方式只有两个字——认真。在一次又一次凌晨接到客户电话前，主动询问客户是否存在问题需要解决；在服务过程中，始终关心客户的真实想法，全方位满足客户的需求……在不断地发现问题、解决问题的过程中，林丽越来越熟悉这个行业，越来越能够从容应对一切事宜。

"挫折其实就是迈向成功所应缴的学费"，把整个过程拉长来看，只要结果是好的，那么前期付出的时间、精力或是金钱，都可以看作是启蒙时期必须要支付的高昂学费。

在轻车熟路地解决客户问题的过程中，林丽忽然发现了这份工作的价值所在。从对这份工作一无所知，稀里糊涂地做起管家，到感受到这份工作似乎会给这个世界带来一些不同，仿佛是一刹那间发生的事。

事实上，林丽加入自如时，自如还仍属于链家地产的一个事业部。虽然链家地产是大家眼中的"老将"，但它的意识却早已挣脱传统。2011 年，在许多同行尚顺着前人的脚印琢磨、打拼时，链家已经开辟了互联网化的 O2O[①] 品牌——自如友家（合租），并在 2012 年推出第一栋集中式青年产品——自如寓。

彼时，自如友家和自如寓作为旗下的两大拳头产品，拉动着整个品牌"升维"到了竞争对手的空白领域，"精装公寓"在租赁市场横空出世，迅速捕获众多毕业生与白领人群的眼球，成为这群对生活充满激情与梦想之人的不二选择。

在传统的住房出租市场中，有不少小中介穿梭在监管的空白区，而存在的各个品牌门店则各自为战，将城市中大大小小的楼盘划分开来，"占山为王"

---

① O2O：是 Online To Offline 的缩写，即在线离线或线上到线下，是指将线下的商务机会与互联网结合，让互联网成为线下交易的平台。这个概念最早来源于美国。

般地盘踞在各个"山头"。这些门店之间房源基本不互通，房源信息是每个门店的"机密要件"，争夺房源和客户，成为每个门店的首要任务。

但在自如品牌推出后，客户可以通过自如网站，不分区域、不分门店地选择任意房源。这给了客户更多的选择权。

在中国企业发展的几十年来，在所有的产业领域，总是会出现"江山代有才人出，各领风骚数百年"的现象。造成这一现象的重要原因，是经营者对发展经验的沉淀、未来发展趋势的判断，以及对推动行业变革的信心。而诸多历史事实也告诉我们，恰恰是这些改变，甚至是一些彼时看起来微不足道的经营者思考，最终主导了整个局势走向。

美国《连线》（Wired）杂志创始主编凯文·凯利在其著作《失控》中写道："互联网时代是一个关联的时代，在这个时代中，我们会由一种个体变为一种集体。我认为，在互联网时代中，我们通过结合把自己变为一种新的、更强大的物种。"

这个观点在 2012 年已经得到了证明。人与人之间、人与行业之间、人与社会之间，产生了新的连接，人们存在的方式和以往有了天壤之别。个体得到了前所未有的尊重，每一个人都能通过互联网平台合理合法发声，在个体与个体相互连接之中，一切事物都变得更加高效。

互联网在社会公共领域发挥出越来越重要的作用，已经广泛应用于行政、教育、医疗、交通、社区服务等诸多领域。互联网"机会"越来越多，人们开始熟练地利用互联网找工作、聚会、创业甚至投资。彼时，最热门且抢手的专业之一就是与计算机技术相关的专业。

"去中心化""零距离""分布式"等互联网特质，投射到各个领域，传统企业正在寻求互联网时代新的生机。

在诸多房屋租赁企业中，自如成为颇具代表性的先行者。

这又不得不重申自如友家和自如寓的载体形式——O2O，这一模式被誉为互联网的第三个冲击波。O2O 的实质是利用线上渠道为线下出租和生活服务赋能，消费者可以在线上筛选产品或服务，并在线结算，达成交易。这种模式促进了线上与线下的融合，改变了消费者与服务的关系，形成了交易渠道突变的情况。

越来越多的年轻人开始使用自如友家和自如寓这两款软件挑选房源，这让自如的租房业务有了规模化增长，且能够在后台清晰、准确地查看相关数据，拓宽了自如的营销渠道。

以当今的眼光来看，这种模式已经非常普遍且不再具有新意，但在 2012年，能将互联网与房屋租赁行业联系起来，无疑是卓有远见的先驱者。自如将自身商业模式与互联网技术相结合，顺应了时代发展的潮流，在技术上做出了前所未有的创新，成为抓住互联网机遇的"种子选手"。

在距离北京 1318 公里的中国另一大都市上海，同样的剧情正在上演。

青客公寓 2010 年开始在房屋租赁技术上进行研究，例如发明一些辅助客户完成入住手续的机器人、ATM 机等，客户拿上身份证到这些机器上刷一下，并拍摄相关视频后，就可以签署租房合同等文件，签完即可直接入住。

2012 年，这些技术得到更大发展。青客公寓创始人金光杰，将交易流程标准化，把签约文件转移到手机上，形成电子档文件，并附上一些客户频繁提出的问题的答案，方便客户随时查看。

金光杰还提出了"所见即所得"的概念，运用一些 VR[①] 技术，让客户在手机上就能看到房屋的实际情况，并且这些信息是绝对真实的。例如，客户在手机上看到某间房屋的墙上画了一朵花，那么客户到实地查看时，这朵花也是实实在在存在的。这对于增强客户对青客的信任感，降低行业中普遍存在的弄虚作假现象，具有重大的意义。

利用具有社交属性的互联网平台，青客公寓开始琢磨将微博所提供的 LBS[②] 服务融入房屋租赁事业中。LBS 服务在当今已经运用得相当广泛，最突

---

① VR：Virtual Reality，虚拟现实技术，是一种综合应用计算机图形学、人机接口技术、传感器技术以及人工智能等技术，制造出逼真的人工模拟环境，并能有效地模拟人在自然环境中的各种感知的高级的人机交互技术。

② LBS：Location Based Service，基于位置的服务，它是通过电信移动运营商的无线电通讯网络或外部定位方式（如 GPS）获取移动终端用户的位置信息，在地理信息系统平台的支持下，为用户提供相应服务的一种增值业务。

出的表现是一些基于位置互联的外卖送餐服务。在微博上，人们可以留下自己的定位，其他用户则可以在"同城"页面查看这些信息。这无疑扩大了房屋租赁企业的"圈子"，将原本只能承接某一区域内房屋租赁业务的范围，扩张到能够了解到全城有租房需求的人群。

这是许多新的商机的开始。例如，应届毕业生小王毕业后想留在上海，但却对未来状况产生了怀疑，于是他发了一条微博——"快毕业了，怎么办，好迷茫，留在上海该如何生存下去"。这条微博侧面反映出小王并未租房的信息，此时如果有房产中介能够积极主动地联系小王，给予小王一些真诚地指导，便能很快获得小王的信任，极有可能促成交易的达成。这对于双方而言，是一种双赢的局面，小王能够从房产中介这里获取信息，而房产中介完成了一笔订单。

正是在这些技术手段上的琢磨，令青客公寓很快成长起来，后来上市时，这些方式即便没有起到至关重要的作用，但依旧值得被载入"史册"。

技术的运用归根结底是房屋租赁企业为了改善行业发展状况作出的努力，心中只有饱含对这项事业、对这个行业的热爱，才能够无限助力企业在重重包围中尽快突围。

我认出风暴而激动如大海

2012年11月，路透社晒出了中国经济2002—2012十年间的成绩单："中国GDP平均每年都保持近两位数的增长，总额翻了近四番，相继超越德国、日本成为世界第二大经济体。2011年中国货物贸易进出口总额跃居世界第二位，连续三年成为世界最大出口国和第二大进口国。在改革开放的短短30多年时间里，中国已经成为全球第一大外汇储备国，十年间增长超过十倍。中国由一个原先接受援助与贷款的国家，开始变为向外输出贷款和援助的国家。"

事实上，对中国的巨大变化深有感触的不仅仅是国人，国际上对于中国的发展也十分关注。2012年1月28日，《经济学人》杂志首次将中国从"亚洲"板块中"剥离"出来，开辟了中国专栏。本次中国专栏是《经济学人》杂志时隔 70 年再次开辟独立的国家专栏，且此前仅有英、美两国拥有国家专栏，其他板块均以"洲"为划分标准，如欧洲、美洲、非洲、亚洲等。

其主编解释道："自从 1942 年对美国进行这样的详细报道之后，这还是我们第一次为一个国家开设类似栏目。主要原因是中国已经成为一个超级经济大国。"

诺贝尔经济学奖得主罗纳德·哈里·科斯的著作《变革中国：市场经济的中国之路》也在 2012 年首次出版，西方国家开始探索中国经济发展之路，而这一切的根本原因是中国经济得到了空前发展。

被世界认可为超级经济大国，起始于发达国家将设在中国的劳动密集型工厂转移出去的那一刻。2012 年整个中国产业经济都呈现出一个新的特点：消费不断升级，传统制造业的成本优势逐渐显露颓势。劳动密集型、原材料密集型企业的竞争优势逐步低迷，技术密集型和人才密集型企业开始拥有更广阔的发展空间。

这一点无论从"衣""食""住""行"这四大民生领域的哪个方面来看，都体现得淋漓尽致。

2012 年，中国的手机网民规模达到 4.2 亿人次，首次超过 PC 端，移动互联网自此势如破竹，"霸屏"了大众生活的方方面面。阿里巴巴 2012 年收入和盈利迅猛增长，运营了数年的"双十一购物狂欢节"从这一年开始成为大众耳熟能详的"正经"节日；程维从支付宝离职创立小桔科技，并推出移动端出行应用"滴滴出行"；"小红""小黄""小蓝"等共享单车将企业标志性的颜色穿戴上身，向城市的大街小巷投去一股别样的活力；美团和大众点评在持续性的资金投入后，以绝对的营销优势浴血杀出"千团大战"，主攻大众的"食"之需求……

但在其他市场激烈竞争，"蓝海"逐渐成为"红海"的过程中，四大民生领域中的重要板块——"住"，却似乎未曾有以行业领军者姿态出现的头部企业。

事实上，比起"衣""食""行"等更偏向于快消市场的产品，住房领域无疑发展起来更加漫长而复杂。第一，房屋建筑要想"更新换代"，实现"消费升级"，绝非一朝一夕可以实现的；第二，房地产业想要有一家站出来，如其他快消品企业一样做到"一家独大"，几近奢望，"百家争鸣"是房地产业三五年内都难以被更迭的长期局面，因为它的"领军"之位，需要有人拿出远超其他行业头部之投入的庞大资金做支撑。

住房租赁行业作为房地产业中重要的组成部分，自然具备整个房地产业的共性——"快"不起来——这是整个行业发展的基础性事实。

但随着互联网的发展，其他行业的迅速扩张事实上也大大影响了住房租赁行业。

2012年3月29日凌晨4点，马化腾在腾讯微博上发了一个六字帖："终于，突破一亿！"这里突破一亿的并非一直在与新浪微博竞争的腾讯微博，而是社交新物种——微信；4月19日，微信4.0版本上线，新鲜出炉的"朋友圈"功能可以说直接将私域流量的竞争推到了幕前，一个基于熟人社交圈、能够汇聚大量忠实流量的平台就此破竹而出；8月23日，微信公众号平台上线，这是一个兼具内容打造和电子商务双重属性的媒体平台，被誉为"2012年度最佳颠覆产品"，一时间，无数人打开公众号的注册界面，将自己包装成了"自媒体运营者"。

微信系统生态圈层的建设，为眼下我们目之所及的微商、自媒体、视频号等一系列平台之后的运营者打下了硬件基础，使传统的传播方式发生了翻天覆地的改变——微信朋友圈具有更为强大有效的舆论效力——这是一个全新的机遇，对于住房租赁行业也不例外。

正如诗人里克尔所言："我认出风暴而激动如大海。"许多当时的住房租赁行业从业人员，在将微信作为社交工具时，也开始尝试开发它的传播功能。

这是一片陌生而又新颖的商业新天地。住房租赁企业能够以最低的成本和最快的速度发布资讯，吸引最为精准的用户群体，为互动服务、用户维系和业务洽谈等多个方面带来了新的可能性。

例如，许多住房租赁企业纷纷开通了企业公众号用以传播企业讯息，在不断摸索公众号玩法的过程中，他们也在不断完善企业的对外形象，力求以更加得体、专业的形象出现在用户面前，好博得用户更深的信赖；员工个人则从修改微信头像和昵称开始，用心地将个人微信打造成用户好友列表中瞩目的精美名片，将诸如"自如"这般的标签"嵌"进用户的朋友圈，也"嵌"进他们的潜意识，让他们一旦有所需求，便会自然忆起曾多番瞥见过的标签；另外，微信朋友圈成了一个绝佳的广告信息发布场所，租房信息从原本的广场公告栏转移到微信朋友圈中，吸睛的彩图配上勾人的文案，租房成交率的提升自是不在话下。

这是时代赋予住房租赁行业的红利，谁能率先抓住红利，谁就能成为时代的弄潮儿。

没有人是一座孤岛

21 世纪初，中国的房地产界开始经历从经济房到商品房的转变，住房贷款就此走上历史舞台。2002 年到 2003 年，一批"房奴"随之而生，为买房背上重重的贷款。

十年后的 2012 年，第一批贷款买房者终于还清了贷款，卸下压在身上的"大山"，重重地舒了一口气。这些"解套"了的人们，一时间成为 2012 年最幸福的人。

但这仅仅只是历史镜头下飞速闪过的一帧，一代又一代人成为新的"房奴"已经是不可逆转的趋势。随着城镇化的进一步加深，越来越多的人涌入城镇。2013 年 6 月 26 日，时任国家发展和改革委员会主任徐绍史向全国人大常委会作关于城镇化建设工作情况的报告时提到，"我国 2012 年城镇化率达到 52.57%，与世界平均水平大体相当，城镇化取得显著成效"。

同时，城市与城市之间人员流通更加频繁，这些流动人口抱着"安居乐业"的念头进入陌生的城市，"安居"和"乐业"都是他们亟待解决的问题，"安居"尤为急切——觅得一个合适的寄身之所，是每个人朝自己的美好未来迈进的第一步。

在这些流动人口中，年轻人占据了重要部分。在 2012 年之前，房地产商开发的住房多以两房和三房为主，但随着城镇化进程的加剧，两房变得更受青睐。对于外来的年轻人来说，住房问题是迫在眉睫的"刚需"问题，他们想要更快地拥有一套属于自己的房子，在房子的面积、地域等问题上，就不必过于追求完美，两房更加便宜，且装修起来成本更低、速度更快，因此迅速成为年轻人买房首选。这就是年轻的流动人口给城市带来的冲击和动力。

买房是一项长久大计，而权宜之计则是租房。2012 年，全国普通高校毕业生人数达 680 万人，这些初出茅庐的年轻人进入社会的第一场"修炼"就是"租房"。

炎炎烈日下，一张张充满稚气的脸庞被晒得通红，皱着眉、眯着眼，坐在中介的电动车后座上，穿梭于一条条小巷子间。一次又一次提起希望，一次又一次失望泄气，终于在逡巡良久后找到一个尚算合适的房子，刚准备舒一口气，开始迎接人生的新篇章，可房间内发霉的墙壁、嚣张出没的蟑螂和油腻腻的水池，处处都透露着两个字——将就。

这个千篇一律的故事在每年的毕业季不断上演，但在 2012 年的夏天，故事似乎被改写了。

2012 年，刘洋和刘昕卖掉车和房，创办了 YOU+ 国际青年社区，一个面向现代都市青年的居住、生活、创业社区。

他们创办 YOU+ 的原因其实很简单，当历史的车轮滚滚向前，时代其实在鞭策着每个人前进。盲从或是观望，等来的只能是从脸上倾轧而过的车轮，顺应时代，实际上是要超越时代，要做在前面。

许多企业一直在强调满足客户需求，但真正高明的企业，正在做着超越客户需求的事情。这一点在互联网企业中体现得尤为明显。在支付宝出现之前，国人几乎不能想象会有这样一种交易方式，他们不再需要携带现金或是银行卡，只需一个手机便可完成所有支付；同样，在移动手机出现之前，全世界的人类都想象不出一个手机便可以将自己与全世界相连。

在此之前，客户有使用手机或支付宝的需求吗？没有。这就是超越客户需求。

从另一个层面来看，当企业陷入"客户是上帝"的视角时，企业的产品或是服务，很快就会陷入无限迎合客户需求的被动局面中，若是客户需求一致倒也好说，一旦出现"众口难调"的无定性需求时，企业便会束手无策。

或许企业能满足 10 个客户的不同需求，但如果企业有 1000 位、10000 位客户呢？难道也要为每个客户个性化的需求服务？

因此，一味从满足客户需求出发，实际上很难真正满足客户的需求。企业要站在更高的视角，超越客户需求维度，引领客户需求升级。

这是任何行业的企业都无法规避的普适规律，对于住房租赁企业而言更是如此。

客户在租房时，刚需是能够睡觉，同时房间有基本的储物功能，有水电、网络等，这是几乎所有房间都能满足的。再往深层次挖掘一下，客户可能对房间的安全性、隐私性等也有要求，这也是许多住房租赁企业能够满足的，但常规的住房租赁企业对于客户需求的挖掘也就止步于此了。

而刘洋和刘昕创办的 YOU+ 青年社区，则在很大程度上提升了客户对于住房的需求，他们从客户通常情况下难以被满足的情感需求出发，超越了客户的基础需求。

几千年华夏农耕文明，构建了"村落信任体"，一个村子可能同血缘、同宗族，或者全是熟人，具有很强的宗族认同感和集体认同感。但随着城镇化的推进，人们离开故土，抛弃以往的"村落信任体"，进入一个全新的地域，在这个地域上，从前的宗族认同感和集体认同感不复存在，原有淳朴小农经济下的信任链被狠狠撕裂，人与人之间想要彼此信任变得格外艰难。

尤其是当城市的大厦越建越高，人群的汇集越来越庞杂与匆忙，以及网络虚拟社会越来越发达后，人越来越感到自身的渺小。被社会忽视和得不到认可与尊重的负面情绪成为诸多年轻人的痛点。

就像刘洋和刘昕，他们原来都是做销售工作的，往往在一个城市工作、生活一两年后又被匆忙调走。有一次他们聊起"家"的话题，发现这些年来，他们在这么多的城市里，几乎没有朋友，对楼上、楼下、对门住着谁一无所知，这不得不说是一种遗憾。

那么，如果有一个地方，既能满足租客住房的基本需求，又能成为一个像"家"一样的港湾，是否更值得一租呢？

事实证明了这件事情的可行性，YOU+ 的第一家店开在广州市海珠区凤凰街道，刘洋和刘昕花了近一年时间将原本的高露洁牙膏厂厂房改造出来，成立凤凰社区。凤凰社区在自 2012 年 6 月 1 日正式对外营业的一个月内，133 间房就全部满租了。

图 1　YOU+ 国际青年社区凤凰店

　　YOU+ 之所以能够受到租客们的青睐，正是因为它提供了其他住房租赁企业无法提供的服务，满足了甚至连租客自己都无法想象的需求。

　　租房其实是一个选择，且几乎是年轻人进入社会后，第一次自己可以独立进行的选择。在此之前，当代年轻人们在选择学校、专业，甚至工作上，几乎都没有什么话语权。但毕业之后住在哪里、和谁住，父母却很少再管，即使想管，也往往有心无力。当选择不再受到制约，"喜好"便成为年轻人选择住房时的重要标尺。

　　同时，我国居民的住房自有率正在逐步提高，由增量开发主导的新房市场逐渐趋于稳定和成熟，基于二手房流通和房屋资产管理的存量时代即将来临，这种转变并非暂时的、突发的，而是长期的、有所预见的，是主赛道切换式的根本变革。

　　这意味着原先房地产商和租房租赁企业主导的卖方市场，正在逐渐转移为以租客为主导的买方市场。"50 后""60 后"房主提供的住房，已经难以满足"90 后""00 后"租客的需求，供应端与需求端不匹配了。

那么，年轻人究竟更喜欢什么样的住房呢？

这也是刘洋和刘昕苦苦思索的问题。

随着城市规模的不断扩大，城市中心与城郊之间的分割线逐渐向外推进，更边缘的郊区成为"睡城"。年轻人早上五点起床出门上班，在城市中央的写字楼里工作，下班后转三个小时地铁到达城郊的租住房里，已是深夜。在如此状况下，房屋仅仅只能提供睡眠的功能，因为被称为"睡城"。

河北省三河市的燕郊，住着大量跨省上班的"北漂"；上海周边的苏州等地，也住着不少每日乘高铁上班的"沪飘"。人口在这些区域之间形成了一种令人叹为观止的"潮汐式"流动，潮涨潮落，因时而动。

身体的疲惫倒是其次，长期在城市中来回"迁移"，自我空间被压缩殆尽，与朋友吃饭唱歌、与爱人约会聊天，也成为极尽奢侈之事。长此以往，人们产生一种强烈的孤独感，小部分人在排遣孤独感上有一定经验，但大部分人往往会囿于孤独之中，产生消沉、无力之感，而这种负面情绪仅仅依靠自己，几乎很难消解，只会越积越深。

因此，当我们抛开一切外在因素，对年轻人的内在情感需求进行剖析，就能轻易地发现年轻人租房的最终需求其实是社交。

没有人是一座孤岛，刘洋和刘昕在洞悉这一点后，迅速反应过来，既然年轻人的最终需求是社交，那么能不能租一整栋楼，将这栋楼进行全面改造，使入住的每个人都互相认识，打造一个促进人与人之间交流的"大家庭"呢？

这一设想实际上已经得到了验证，与住房租赁息息相关的另外一个行业——酒店服务业，早已经在这样做了。最典型的例子就是风靡一时的青年旅舍，青年旅舍为预算有限的"穷游者""背包客"等年轻的旅游者提供了一个住宿和交友的绝佳场所。

在青年旅舍中，每天都有来自全国各地的年轻人们，他们住上下铺，每晚聚集在一起弹琴、唱歌、看电影或是玩游戏，这些邂逅、互动与交际，正是青年旅舍能够吸引广大年轻人入住的重要原因。

长租公寓是更为规范和长期的另一种意义上的青年旅舍，被分为集中式公寓和分散式公寓两种。其中，集中式公寓是指对一整栋楼进行整体规划，每个房间按照一定标准完成家庭化装修，并统一配备物业服务，进行集中式管理，为租客提供长期租住及生活、社交服务。

刘洋和刘昕以集中式的长租公寓为出发点，打造了一个供年轻人长期居住的社区。在这个社区里，除了温馨舒适的卧室，更受年轻人喜欢的是公用厨房、健身房、电影院、咖啡馆等社交空间。在这里，各种各样的社交活动不定时举行，如"电影周""音乐趴""万圣节变装""篮球赛""集体涮火锅"等。

在每个租客互相认识、了解的前提下，其乐融融、和谐共处的 YOU+ 社区为一座城市中疲于打拼的年轻人带来了一丝家的味道。

YOU+ 抓住时代的机遇，就像是地面新起的轻轻回旋在青草上的风，最终会汇集成一股冲天而上的大风；也像海面最初漾起的细小波澜，最终会发展成为滔天巨浪。

用社群的方式运营公寓

承载着更多年轻人社交需求的长租公寓，若是"挂羊头卖狗肉"，很快便会收到年轻人大呼"骗局"的指责。不得不说，长租公寓越是被寄予厚望，便越容易在它与期望产生些许偏差时，被众人不假思索地打入"地狱"。所以，长租公寓在管理过程中，社群化既是其区别于其他住房租赁企业的点睛之笔，也是其无法绕开、必须践行的立身之本。

刘洋和刘昕深知这一点，于是在社群化打造上可谓倾其所能。除了上文所提及能促进租客之间交往的基础设施，他们还对租客做了细腻的租客画像。这不仅仅大力推进了 YOU+ 社群化的进程，更是颠覆了以往只有租客能选租住房的传统，将 YOU+ 的整体调性拔高了一层。

YOU+ 设置了"三不租"规定：35 岁以上有"中年心态"的人不租；有小孩和老人入住需求的不租；不爱社交、不爱分享的人不租。只有有梦想、有追求、有个性，并愿意交朋友，热爱生活的年轻人，才是 YOU+ 的目标租客群体。

"公寓可能就是租房子，只要合法交钱就租，但是 YOU+ 必须筛选跟我们志同道合的人。"刘昕在谈到这一点时意志坚决、掷地有声。

通过这种多元化的筛选机制，YOU+ 聚集了具有相似价值观和情感需求的人群，让社群更加纯粹和简单。

一群志同道合的人，即便只是坐在一起聊天都会格外有趣。YOU+ 的年轻租客们围坐在一起，大家叽叽喳喳地谈论时事、历史、金融或是艺术，目之所及皆是洋溢着热情和希望的脸庞，显得异常生动且鲜活。

美国心理学家威廉·詹姆斯曾说过："人性最深层的需求就是渴望被别人欣赏。"YOU+ 的年轻租客们在输出自身经历和观点时，成了人群中的焦点，被聚光灯环绕。此时，人性最深层的需求得到了极大的满足。

刘洋和刘昕给了这些年轻租客最大的意见表达空间，最令人惊诧的是允许租客自己装修房间。要知道，几乎没有长租公寓会让租客自己装修房间。因为这样不仅仅会增加当时的装修成本，还有可能面临一间房需要多次装修的窘境。租客之间审美差异巨大，当上一任租客搬离社区后，若下一任租客并不喜欢目前的装修，就需要重新装修。这对于任何一家租房租赁企业而言，都算得上是"没事找事"的"麻烦"。

但刘洋认为，租客自己设计装修的房间，住起来会更有归属感和成就感，会更容易被当成"家"来对待。

"国有国法，家有家规"，既然是家，就得有"家规"，但每个租客都能参与"家规"的制定。除了刘洋给出的第一条规定"禁止黄赌毒"，其他"家规"都是租客们自己拟定的。他们还能参与社区装修、设计、布置，并组织各种社交活动、参与管家考评等，YOU+ 俨然成了一个人数众多，且人人都有主人翁意识的大家庭。

YOU+ 的租客们在一次偶然聊天中，给自己取了一个新名字——"家友"。"家友"既是 YOU+ 反过来的读音，也昭示着所有租客是一家人，是亲朋好友。在这里，"家友"们的参与感和自主性被充分调动。

每个人都是多面的，只有在人们真正感到安全时，才会脱掉在外应酬、交际时的假面，敞开心扉，以最舒适、最真诚的一面示人。在偌大的城市中，YOU+ 给"家友"们提供了一个避风的港湾，一个能让所有人卸下防备、展现真实自我的安心之地。

有的"家友"上班时西装革履，看上去严肃又正经，但下班后回到社区，却是一个穿着沙滩裤的港式奶茶冲调高手；有的"家友"从事文字创作工作，白天闭门不出沉浸于写作，晚上却拿起电吉他唱起了摇滚……

"住在这里，慢慢就成为牵绊了。"一名"家友"说道。所有的"家友"都在一个微信群里，就算凌晨5点喊一声饿了，也会有不眠者回应几声，说不定还会贡献吃的。新"家友"加入后，也不会有融入不进的隔离感。老"家友"会主动问候新住户，并帮助其融入集体。强大的集体归属感，促使这些年轻人积极参与到社区卫生、安全等日常管理中去，实现了租客的自我管理。

当然，YOU+在租客甄选和管理上如此大费周章，不但会失去一部分租客，还意味着成本的增加。YOU+到底是如何在这种状况下达到收支平衡并实现盈利的呢？这也是萦绕在许多人心头的疑惑。

事实上，长租公寓的收入来源并非只有租金这一项，许多附加收益也持续在为YOU+的运作供能。

这个过程就像是把普通蛋糕做成奶油蛋糕，再做成草莓奶油蛋糕。在原本的蛋糕中加入奶油、草莓，成本其实并没有增加多少，但却能令这个蛋糕产生惊人的变化，卖出更贵的价格。

租客在社区生活，绝不可能只有租房需求，还有一些其他的消费需求，就像小区往往总会配套一些超市、餐馆等满足人们其他需求的店铺一样。

但与常规小区的配套商铺不同，YOU+的客户群体更加纯粹。因为志同道合而聚集在一起的"家友"们，具有相似的消费特征，因此在YOU+社区中，理发店、水果店、餐饮、KTV等商铺，都以团购等年轻人更青睐的商业模式运营着。这就好比打仗时提前知道了敌人的坐标，比起盲目投弹，指向明确、针对性强的精准打击才是最为致命的。

由此可见，长租公寓并不只是一个单一的、割裂的经济板块，而是足以支撑一整个商业蓝图的基石，围绕这一板块，许多新的设想成为可能，新的商业模式正悄然生长。

2013 年　青山一道同云雨

在一个处于启蒙期的行业中生存，虽然抢占了市场空缺的先机，享受了近乎"垄断"的红利，但也往往是"摸着石头过河"，走一步算一步。

先行者显然无法提前预知河深河浅、漩涡礁石或是激流暗涌，没有前人为他们劈波斩浪、探明河道，因而总时不时撞上暗礁，也常常一脚踏进深水之中，尝一尝裹挟着泥沙的河水灌满口鼻的窒息感，这都是行业发展过程中必然经历的阵痛，是跨过河流必须付出的代价。

同时，这场渡河之旅并非个人关起门来的尝试，成千上万的观众站在河两岸，或是鼓励或是戏谑或是焦急地看着你，于是那些若有若无，随时可能从心底喷涌而出的对于自己的质疑，就像是过河时自己扛上的沙袋，浸水愈重，愈重愈沉，不知何时会将一个人彻底压垮。

然玲珑已布，落子无悔，能做的不过是叮嘱自己"胜固欣然，败亦可喜"。

向上生长的异乡人

如果说 YOU+ 国际青年社区更多的是为了满足用户的情感需求而存在，宽寓则将落脚点更多地放在了解决用户的基础需求上。同样都是 2012 年诞生的企业，为何着力点会有如此大的区别？

这和二者当时所处的环境有非常大的关系，YOU+ 国际青年社区诞生于广州，2012 年的广州人均 GDP 突破十万元大关，作为南方商业重地，广州也早已经成为国际化的大都市，城市化进程异常迅猛；而彼时的太原市人均GDP 勉强才超过六万元，城市化、商业化的建设进程还比较缓慢，似乎都还在等待一个爆发期。

当人们的基础需求尚且还未得到满足的情况下，很难考虑更高层次的需求，任何创业都应该考虑天时、地利、人和，只有同时满足这些要素，成功的概率才会更大，因为当时广州市的租房一族追求的可能已经不再是寻找一个庇身之所，他们更看重精神世界是否能够得到满足，而 YOU+ 国际青年社区的理念刚好契合了这一需求，所以刘洋和刘昕的创业才会获得如此大的成功。

而 2012 年初创的宽寓，在 2013 年才开始步入正轨。考虑到当时太原市的实际情况，创始人毕德生将宽寓的重点放在了解决租客们的基础需求上，旨在为广大租房一族提供良好的居住环境。宽寓的诞生离不开市场环境的影响，但对其影响更大的是毕德生的战略眼光和思想格局，毕德生这一路走来还算顺利，在太原上完学之后就开始了自己的第一次创业，他一天工都没有打过，从毕业开始就一直在为自己工作。

毕德生坦言：“那会也没有什么经验，只是凭着自己的一腔热血和当时的所见所想，开了一间很小的房屋中介。”那时候的房屋中介和现在大众所熟知的房屋中介不太一样，那时候市场对房屋中介的界定还没有那么清晰，所以当时的房屋中介除了帮房东找租客和帮租客找房东外，也会干家政、干保姆、干钟点工的活儿。“虽然只有三五个人，但这些事情也都会做，那时候脑子里好像没有‘做减法’这个概念。”毕德生说道。

当时所有的房屋中介，几乎都没有走在时代前面的意识，往往只能被动接受时代改变带来的行业改变。简而言之，就是今天别人这样做，我就跟着这样做；明天别人那样做，我又跟着那样做。

但毕德生的嗅觉还算敏锐，一直走在同行的前列。

起初他和同行们都只需要坐在店里等待客户上门，后来随着时代的发展尤其是互联网的兴起，竞争变得越发激烈，毕德生开始利用网络发布帖子，他一开始这样做就有很多同行相继模仿，之后他又开始探索新的模式，就这么一直循环往复，房屋中介也从 2001 年开到 2012 年。

好像日子一直这么过下去也挺好，每天跑跑业务，偶尔和同学、朋友约着吃饭、聊天，但毕德生心中一直在琢磨，怎么样才能有更大的突破？是不是这一辈子只能靠做房屋中介过活了？

“如果没有这位朋友的强烈建议，我这会可能还在房屋中介里打转，不知道什么时候才能转出来。”毕德生说，“我本身没有什么管理经验，那时候更多地也是守着自己家门口的这一亩三分地，没有向外界学习的意识，虽说每天和市场打交道，不至于闭门造车，但说实话，当时的我们还是比较封闭的，所以我当时也根本没有意识到原来住房租赁行业的发展前景这么好。我现在十分庆幸当时听了朋友的建议，到北京去听了一堂课，我记得当时听课的钱还是朋友出的，将近 3000 块钱，原来我的想法一直是花 3000 块钱听一堂课，太不划算了，但是朋友已经把钱交了，索性我就去了。"

回忆起当时创业的契机时，毕德生的言语里充满了对朋友的感激，如果没有朋友当时的坚持，恐怕也就不会有后来的宽寓。

从北京回来后，毕德生才意识到自己真正的商业化是什么意思，他才真正意识到自己要开始转型了，不然的话很有可能被后浪"拍死"在沙滩上。虽然他没有进过企业，不熟悉相关的企业管理、运营模式，但这并不妨碍他想要成就一番更大的事业。

他开始组建团队，一步一步慢慢摸索，他们最开始其实将业务的重点放在了托管这条线上，但是一段时间后他们发现太原的住房租赁行业没有想象的那么好做，因为太原的房子大房型居多，小户型的房子特别少，但是就当时的市场而言，大房型的租金并不比小房型的租金高出多少。

于是他们开始地毯式搜索，在整个市区内找房，尽量多发掘一些小户型的房子，一圈下来，他们发现整个太原市小房型的房子实在是太少了，根本无法满足自身发展的需要，正是头疼的时候，毕德生凭借着自己干房屋中介十来年的经验，脑海中萌生出了一个不一样的想法。

太原有很多三室两厅两卫的房子，并且卫生间大都分布在房子的两边，一左一右。如果在进门处从中间隔开，做一个移动墙，如此一来，一边就会变成一个两室一厅带卫生间的房间，另一边就变成了一个一室一厅带一个卫生间的房间。

说干就干，他们尝试着改造了一批房子，让他们没想到的是投入市场之后反响非常好，可以说是供不应求了，于他们而言，改造后的房子再出租他们收的租金也更多一些，利润非常可观。

这给了他们足够的信心，他们准备大干一场，于是又开始了第二轮地找房。和上次找房的目的不同，这次他们专挑三室两厅两卫的房子，并且两个卫生间要分布在房子的两边，便于他们后期进行改造。经过一段时间的发展，毕德生的信心越来越足，比起之前干房屋中介的时候，他好像打了鸡血一般，充满了斗志。

宽寓几乎是全国第一家从三线城市起步的住房租赁企业，这颇有一点"农村包围城市"的意味，是一条与众不同的道路。

自从毕德生开始涉足住房租赁行业之后，他开始改掉之前不愿意向外界学习的心态，每天都会空出固定的时间来了解时事，浏览和住房租赁行业相关的信息，在深入了解这一行业之后，他越发觉得住房租赁行业大有可为。于是他在心里开始琢磨将自己的团队规模扩大，把业务线拉得再长一些，争取能够覆盖更多的区域，甚至有一天能够走出太原。

考虑到自身经验不足，也为了求稳，毕德生虽然萌生了扩大团队的想法，但他没有盲目地招人，而是不断地向外界学习，在经过一段时间的学习后，他对企业管理有了更多更深的想法，他说他要把宽寓做成一个平台，让员工都能从中获益。

所以他在扩大团队时就提前同每一个新进来的员工讲清楚，告诉他们，他们不仅仅是宽寓的员工，更是宽寓的合伙人；每一套房子就是一个项目，谁负责这个项目谁就要往里面投钱，赚到钱之后，也会按相应的比例分发利润。在这种运营模式下，每位员工都能在公司获得极强的成就感和归属感，沿用这种模式后，宽寓的房源扩展速度变得非常之快，很快就占领了当地绝大部分市场份额。

宽寓是国内第一家把合伙人机制用在住房租赁行业的长租公寓品牌。这一举措打破了以往住房租赁企业"小而美，大而不经济"的行业魔咒，逐渐带着宽寓走向"大而美"。

除了让员工成为宽寓的合伙人外，毕德生还提出了"前面少付，后面多付"的模式，这套模式主要是针对房东的，大意就是改变支付方式，将原先的一年一付换成一年不付，后四年补齐第一年的租金，这样做是为了增加自己的现金流，他们通过各种方式来征得房东的同意，好在当时的市场环境允许他们这么操作。据毕德生说，自从采用这种模式后，他们再也没有缺过钱，其实仅仅只是延迟支付而已，他们付给房东的钱并没有少，但是公司的现金流却实打实地增加了。

图2　宽寓项目启动大会

到后来有不少同行想要学习宽寓的运营模式，毕德生便开始向其他人传授自己的经验，因为在他看来，如果没有当时去北京听的那一堂课，他可能也不会取得现在的成就。去北京听课除了要感谢他的朋友，他也要感谢当时的授课老师倾囊相授。正因为他对此有着极其深刻的体会，所以当他有能力帮助别人时，他也不遗余力地将自己的经验传授给别人，谋求整个行业的发展和突破。

好几年内，毕德生和他的团队都始终把眼光聚焦在太原，他们认为只有把地基打牢了，才能向上生长和突破。他们打磨产品、打造团队、摸索商业模式，为的就是有一天能够把事业做得更大更强，为更多在异乡工作、生活的人们带去家的温暖，让他们即便租房也能无后顾之忧，创造更加美好、多元的生活。

在不确定中坚守预见的践行者

2013 年，海归青年王戈宏也嗅到了住房租赁行业的商机。

事实上，早在 2008 年，王戈宏便与住房租赁行业结下了不解之缘。那时，他还身在纽约。在美国金融风暴还未爆发的前夜，王戈宏说服了一家犹太人的基金会，募集一笔资金收购中国一家正在快速发展的连锁经济酒店的物业资产，然后打包在美国发行一个中国酒店物业的 REITs[①]。

王戈宏把基金起名为 JW Stone Capital，这是源于他在研究 JW 万豪酒店的 REITs 模式时受到的启发，而 Stone 则是因为他在美国买的第一所房子所在的社区为 Stone Bridge。

基金成立后，基于和中国那家连锁酒店创始人以及高管之前多次的越洋沟通，王戈宏带着两位犹太合伙人旋即回到中国开始对酒店的物业进行了拜访与谈判。可惜的是，由于种种原因，物业的房东不是很配合，并抬高了收购价格，使得投资的回报率无法达到美国 REITs 的上市要求，收购不得不暂停，此时大洋彼岸的金融危机已经蔓延开来。

正准备返回美国时，有人送了王戈宏两张即将到来的北京奥运会开闭幕式嘉宾票，反正回美国也没有好心情，他索性送别纽约的犹太合伙人便留在了北京，想看完奥运后再做决定。精彩无比的奥运项目、热情澎湃的北京感染了离开五年的他，与纽约悲观的氛围相比，中国正蒸蒸日上。

之后王戈宏频繁往返中美，希望发现除酒店 REITs 外，在中美之间还能做些什么可以代表未来的东西，同时最好是和熟悉的房地产相关。

在那三年间，王戈宏同时为国内一家专门研究商业模式的财经杂志《创富志》写一个 REITs 的专栏，每月一篇，介绍分析美国的各类 REITs 的案例。而恰巧在 2009 年初写到了美国公寓 REITs，在研究美国两家排名靠前的公寓 REITs 在金融危机中的表现时，王戈宏发现其数据让人眼前一亮。

在金融危机期间，股票都跌得稀里哗啦，但公寓 REITs 的收益却逆势而

---

① REITs：Real Estate Investment Trust，房地产投资信托基金是房地产证券化的重要手段，起源于美国，最早出现于 1962 年。它明确界定为专门持有房地产、抵押贷款相关的资产或同时持有两种资产的封闭型投资基金。意在使中小投资者能以较低门槛参与不动产市场，获得不动产市场交易、租金与增值所带来的收益。

上，两家代表性的公寓 REITs 企业当年的复合收益率^① 竟然超过 25%，这在平时是不可想象的。细究发现，这是因为危机期间资产的价格大幅下降，人们失去自己的房子后都租住在公寓里，使得公寓的满租率大为提高。

写完公寓 REITs 专栏后，王戈宏在美国跑了八个城市考察公寓市场，紧接着又去伦敦、东京和新加坡考察了一些知名的公寓企业，发现在全球范围内公寓的市场表现都不错，于是他带着对国际公寓市场的体会，又回到北京希望找到国内可以对标的企业。

2012 年初，中国公寓市场的品牌企业很少，公寓大多由散落在各个居住小区的中介把控着。为了实际体验北京白领的居住状况，王戈宏在上下班时专程体验了国贸到通州、金融街到回龙观的地铁。

汹涌澎湃的人挤人的地铁留给他深刻的印象，在城市工作的白领白天在 CBD，晚上回所谓的"睡城"，通勤耗费的时间与精力大大影响了白领们的生活与健康。"中国的年轻人为什么不能像纽约青年一样，既在城市打拼也能享受都市的繁华？"带着疑问，王戈宏又跑了上海、杭州、广州与深圳几地，发现标准化好地段的出租型公寓是市场的空白，但需求又很大，供给与需求完全不匹配。

为什么不在国内的一线城市做一些类似纽约的公寓，房间不大，但地段与配置良好，下班不用开车挤地铁，可以从容地吃完早餐上班，晚上可以步行回家并随时和朋友喝一杯欢聚？

"年轻就应该住在城市的中心！"成了王戈宏 2013 年创立新派公寓时的第一个愿望。也是公司宣传的 Slogan，他同时配了一个至今还在新派网页使用的口号："Enjoy Living!"他也给公司起了一个大气的英文名：China Young Professionals Apartment Management，简称 CYPA。而中文名"新派"的由来，是王戈宏在苦恼如何给 CYPA 找到贴切的中文发音时，有一天开车路过一家"新派川菜"的餐厅。他突然发现"新派"很贴切，去商标管理部门注册发现新派注册者半年没有缴费，从而幸运地拿下。

命运有时真的很神奇，只要你有一个美好的心愿并坚持，有可能奇迹会

---

① 复合收益率：指年复利计算的收益率。

降临，这是很多创业者都体会过的感受。"新派公寓"的名字有了，使命和
Slogan 也有了，但第一栋楼还不知道在哪里。

说干就干，他在北京 CBD 以"新派公寓"的名义，于 2013 年收购了森
德大厦，也就是现在新派北京 CBD 旗舰店。

许多租赁企业在进行集中式公寓出租时，通常只会选择租赁方式，将原
房东的房屋租下来，装修之后再出租出去。但这种方式其实暗含着一定的风
险，第一，集中式公寓能否长期租赁该房屋是一件不能百分百笃定的事情，
若是原房东要收回房屋居住权，那么租赁企业投入的装修、营销等成本将毁
于一旦；第二，一旦国民经济状况欠佳，住房租赁事业出现危机时，房屋作为
一种不动产，始终是稳赚不赔的投资。

但王戈宏直接拍板，在北京市中心斥巨资买下了一栋楼。买楼的过程历
尽波折，像极了起点中文网上"开挂"的大男主小说故事。

当王戈宏心中冒出在北京市中心买一栋楼的想法时，他既没有意向目标，
也没有足够的资金。他在北京 CBD 附近转了很久，发现了森德大厦，彼时那
栋楼又旧又破，周边环境也不太好，除了位置好，几乎没有其他任何可取之
处。但王戈宏笃定，独栋的大楼是未来房地产发展中非常欠缺的。于是，在
没有任何人告知他这栋楼要出售的情况下，他独自敲开了这栋楼，找到了业
主，直言道："我想买您这栋房子。"

业主十分惊讶地看着他："你怎么知道我要卖房？"事实上，这栋房子确
实处于出售状态，且已经在市场上出售三年了，但没有哪个意向购买者是如
王戈宏一样大大咧咧地直冲进去要买房的。从 2010 年到 2013 年，业主开价
每平方 2.1 万元，有五个买家表达了购买意向，但在价格上始终没有达成一致，
这五个买家都在不停压价。

王戈宏对这次购买进行了深入调研，发现这栋房子属于拥有 70 年产权的
住宅用地，楼下就是北京著名的庆丰公园。周边相同性质的房屋，光是拆迁
价格就已经达到了四五万元每平方米，且北京三环内已经没有新住宅用地了。

王戈宏认为，这栋房屋的价值被无限低估了，他十分迫切地想买下这栋房
屋。但买下这栋房屋总价超过一亿，这对于当时的王戈宏而言是登天的难题。

在七八家投资机构碰壁后，王戈宏拜访了曾经有过合作但联络不多的著名投资大佬阎焱。做白领公寓让年轻人住在城市中心的理念打动了同样在美国有过学习生活经历的阎焱，但王戈宏提出买楼做新派公寓的想法吓了阎焱一跳，他质疑道："为什么不用轻资产模式做？"

于是王戈宏带着阎焱去看，并告诉他如何将在北京 CBD 区域、距离国贸步行不到 10 分钟距离的地段，改造成一个新型的公寓，然后如何创造物业增值。当时赛富的高管们除了阎焱外都不认可，因为他们觉得买楼资金消耗太大，模式太重，看起来太不靠谱。尤其是王戈宏提出还希望这栋旧楼今后可以做成 REITs 的想法更加令大家心生疑虑，毕竟在 2013 年的中国，REITs 还是一个少数人嘴边的概念。

被尊称为中国投资教父的阎焱此时展示了他作为真正投资家的洞察力和远见，他行使了作为赛富首席管理合伙人的权力与投资额度，给新派注入第一笔宝贵的资金，并同意王戈宏成立"赛富不动产基金"去募资收购。王戈宏也没有辜负信任，展示了超乎寻常的执行能力，不到六个月便完成基金的募集与项目的收购。

这桩买卖终于做成了，随后王戈宏迅速对这栋房屋进行了装修改造，并更名为"新派公寓"，新派公寓以全新的形象隆重开业，很快便满租了。从新派公寓楼上向下俯瞰，整个北京 CBD 车水马龙、灯火通明。

一年后，原业主托人询问，能否以 3.5 万每平方米的价格卖回给他，王戈宏回应道："再加一万都不会卖，资产的价值需要被洞察以及精细运营才能被创造。"

这令人不得不感叹王戈宏惊人的胆魄和超前的眼光，虽然新派公寓当时的规模与行业龙头比起来相形见绌，但王戈宏在这一栋楼上赚的钱，可能比当时中国公寓行业前十名一年赚的钱加在一起还多。

而新派公寓也很快获得诸多租客的青睐，一位租客曾经留下这样的言论："我们也离不开新派，至少目前。也许有一天我们会离开这个城市，离开这个国家，但内心深处永远都有新派一个位置。新派给了我们擦不掉、抹不去、不可替代的温暖。"

图3 新派公寓 CBD 店

后来有很多人问王戈宏："你买北京 CBD 物业的资金如果用包租模式可能会做 20 个以上的项目并形成规模，你是否后悔错失了中国前几年公寓发展规模化的良机？"

王戈宏坦诚回答，没有一家企业不愿做大规模，但选择有时源于创始人的基因和机缘。在市场发展初期以及充满不确定因素时，什么模式是正确和代表未来的其实都很难预判；选择买楼做公寓并相信中国会有 REITs，当时看来有些傻与轴，但现在看来，基础设施的公募 REITs 已经上市了，住房租赁 REITs 在全球的规模都仅次于基础设施，中国的住房租赁公募 REITs 肯定会到来，但是到时候如果手里没有持有资产，公募 REITs 的红利也不会落到头上。有时坚持一个有价值的执念也是一种修炼，成功与获利或许就在修炼的路上，坚守心里的预见可能不被理解，走起来也会艰难，但随波逐流未见得有好的结果。王戈宏调侃道，当时一不小心成了长期主义者。

筚路蓝缕，以启山林

时机总是留给具有远见卓识、拥有能力、具备敢作敢为魄力的人的，当重任和机遇如风暴骤然降临到这些人身上时，他们总会无所畏惧，划开时代的长空，横空出世。

2013 年 1 月，在一个当时经济发展程度远远不如"北上广深"的二线城市成都，一家名为优客逸家的住房租赁企业，获源渡创投 300 万元天使投资；同年 9 月，其再获君联资本 400 万美元 A 轮融资。

对此，优客逸家创始人刘翔说，更多人看到的是优客逸家融资后的发展路径，但这背后其实是更早时团队在各行各业的辛苦付出和积累。回溯刘翔带领优客逸家突出重围的过程，可谓"酸甜苦辣"尝遍。

在创立优客逸家之前，刘翔有过三次创业经历，有过失败，也有成功。长达十年扎根互联网旅游的经历为看似毫无关联的优客逸家的创立提供了契机，在互联网旅游中所积累的产品标准化能力、流程规范化能力，以及精细化管理及租后服务能力，稳准狠地戳中了中国住房租赁行业的痛点。

自 2010 年开始，一些具有远见的英雄已经敏锐地嗅到租房市场的巨大商机，一场革新传统租房行业的运动在他们的带领下开始拉开帷幕，优客逸家CEO 刘翔就属于其中一员。

2011 年刘翔结束了自己长达十年的"北漂"生活，回到了成都。偶然间，他发现自己的朋友正在做"二房东"的生意，作为一个资深的租房用户，提到传统的租房体验，他饱受其苦，深知租房行业的痛点。中介发布虚假房源信息、价格不透明、居住环境差、租后无人管理维护等，这些传统租房行业存在的许多饱受诟病的地方，每次回忆起总有道不完的无奈和心酸。

这也许就是平庸之辈与卓越之人之间的最大区别。当风暴来临时，前者只能看到漩涡，甚至深陷其中无法自拔，而卓越之人看到的不只是漩涡还有风口和机遇。所以，平庸之辈是极少能抓住这种机会让自己平步青云的，可一旦错过，命运也绝不会恩赐第二遍，但显然刘翔属于后者，他紧紧抓住了机遇。

他突然萌生了这样一个念头：年轻人值得拥有更好的租房回忆，我想要给更多的年轻人提供一些舒适、安心的居住环境。

成年人追逐梦想的果敢在于善于审时度势，理性思考，脚踏实地，而不是盲目求进或满怀一腔热血而无所作为。刘翔随即对成都整个住房租赁行业进行了深入调研，他发现成都的住房租赁行业存在着结构性矛盾。

换句话说，成都住房租赁行业存在着巨大的供需差。

从需求来看，成都有着深厚的文化底蕴，是众多学府之地，每年有大量毕业生选择留居成都。再加之优美的环境，以及快速发展的经济为其助力，让成都这样一个包容、高幸福感的城市，从而吸引了大量的外来人口。租房需求旺盛，但传统的住房租赁市场却无法满足年轻人的住房需求，即高品质租房体验和相对较低的租房成本。

从供给来看，租房市场已逐步转向为"买方市场"。成都每年都有大量的新增房源，但一手房成交后至少一半左右的房源都处于闲置状态。也就是说，业主大量空置的住房并没有得到很好地利用。

住房租赁市场大有可为，但刘翔深知倘若不能从根本上解决租房问题，只是妄想用一些新的手段来撮合交易，绝对是徒劳，这种换汤不换药的手段也注定会失败。而只有从根本上保证房源质量，提供优质的配套设施及服务，才能有效解决结构性住房租赁供需问题。

基于深刻的认知，刘翔想要打造一家让业主和租客可以实现共赢的企业——优客逸家。它是集房屋托管、家居设计、装修施工、房屋租赁、租后管理维护等一站式标准化服务的提供商。对于业主来说，它是令自己安心的不动产增值服务商；对于租客来说，它是优质租房体验的供应商。

而成都作为购买力较强的二线城市，早已具备了开垦的条件，它在住房租赁市场与一线城市之间存在的差异甚至为刘翔的开垦计划提供了得天独厚的优势。

刘翔认为一线城市更是一个卖房租赁市场，尤其像北京这样成熟的城市，租房市场上提供的房源更多的是已装房，这样获取房源的成本以及后期开发、设计等费用会更高，而像以成都为代表的二线城市却不同，一手房源中存在大量的毛坯房，不但降低了获取成本，还为其提供了广阔的规划空间；另外，主城区也仍有大量新楼盘出现，空置率依然较高。

所以，这也是优客逸家将主战场聚焦在二线城市的主要原因。

2012 年，刘翔带着 60 万元创业资本在成都青羊区的一个小区里租下了一套毛坯房，正式着手打造年轻人的温暖港湾。在发展策略上，优客逸家主打产品标准化、服务品牌化和居住社交化。

他始终秉持着匠心精神，为了争取更充裕的设计和装修时间，他与中介谈下三个月的装修期，只为在创业初期能坚持初心，用心打磨好自己的产品和服务。他的思路是先规范化、再标准化、再不断优化，最终形成一套可执行、可复制的方案。小到浴室地漏、窗户材质，大到非标准化的房型，都有具体的作业说明，同时选择口碑好的厂家来保证装修质量和家居品质。

充分考虑到年轻人的租房成本问题，优客逸家绝大部分房屋以合租的形式出租；为了满足年轻人良好的居住体验需求，优客逸家请前宜家获奖设计师进行高性价比的家居环境设计，让产品回归居住的本质，从实用性和设计感的层面出发，带给租户舒适的体验感；在付款方式上，优客逸家选择与银行合作，实现租客分期月付房租，减轻租户的付款压力；同时，为了更好地保证租户的居住质量，优客在入住政策上也进行了严格把关，管家会根据租户的学历、生活习惯等进行初步筛选，后期进行面筛，以保证入住租户的质量。

居住社交化的实质是建立和谐的居住关系。当优客逸家选择合适的地段、合适的价格，提供舒适的居住环境后，居住社交化就成了一件水到渠成、锦上添花的事，否则，抛开一切基础需求来谈居住社交化，就是虚妄或是空中楼阁。

"也许你刚毕业，离开宿舍，告别室友，徘徊在人生的十字路口。也许你一个人在外打拼，离乡背井，落脚这座城市。或是土生土长的你，决定从现在开始，搬离旧时光，独立生活。从此，愿租房这件小事，为你留下美好回忆。"优客逸家会从寻租贴的内容上下功夫，于细节处践行——帮租户打造租房时代的美好回忆。

在资本的活跃下，这种模式好、可复制、规模化的住房租赁企业正在悄然酝酿，进而揭竿而起，大展拳脚。

刘翔说："对于很多机会，如果你没有与之匹配的能力和资源，它就不是你的机会，反而可能会变成你的深渊。"在这一次创业的征途中，他走得格外的坚定，仿佛有一个坚定的声音告诉他：你正在集聚更大的能量。

好风凭借力，送我上青云

在王戈宏和刘翔如火如荼地开展自己的公寓事业时，另有几家起步稍早的住房租赁企业，已经进入了新的发展阶段。

YOU+接受杨辉、张叮叮、张殿雷、李姝萱四人的第一笔天使投资，杨辉、张叮叮以联合创始人的身份加入团队；魔方公寓 B 轮融资获得华平投资的两亿美元；青客公寓的商业模式发展为 O2O 模式，并引进汇嘉创投；上海寓见公寓得到险峰华兴、联创策源数百万美元投资……

许多住房租赁企业在起步阶段都存在资金不足的问题，这一问题不仅束缚了住房租赁企业的发展，还有可能使企业的资产负债率提高，这些企业的资金链非常脆弱，稍有不慎便会断裂，企业的生产经营活动会受到沉重打击。

同时，起步阶段的住房租赁企业，多多少少在技术、管理、服务等方面有所欠缺，这些都需要大量资金投入，来进行支撑和调整。比如许多住房租赁企业早期招聘的员工，都是从前的"房屋中介"，这些员工以达成交易为做事的唯一标准，责任意识不强，服务态度差，整体职业素养有待提高。要想提高员工的整体素养，必须得有足够的财力去招聘更高素质的员工，并对员工进行长期培训和培养。

资本选中这些住房租赁企业，看重的是它们的潜力，资本介入后，企业开始将潜力放大，进行必要的改进，如购买设备、扩大规模、雇用和支付员工工资等。"好风凭借力，送我上青云"，当资本开始进入，企业就坐上了火箭，迈入了高速发展阶段，有了大展拳脚的机会。

在先行者们不断探索的路途上，国家也在不断优化租房租赁企业的生存环境。

第一，在我国住房价格不断上涨的情况下，国家针对当前的房地产形势，为防止房价的持续上涨，有效管理市场预期，促进市场平稳发展，2013 年 2 月 20 日召开的国务院常务会议上，提出了严格限购、制定和公布年度房价控制目标、完善稳定房价的工作责任制等五条措施，主要包括"完善稳定房价工作责任制、坚决抑制投机投资性购房、增加普通商品住房及用地供应、加快保障性安居工程规划建设、加强市场监管"这五条内容。

其中，最具"杀伤力"的一条无疑是"通过税收征管、房屋登记等历史信息能核实房屋原值的，应依法严格按转让所得的 20% 计征个人所得税"。这是现行政策中调整力度最大，也是市场反响最大的政策。按住房转让所得的差额缴纳 20% 的税收，将比现行的按总收入的 1%~3% 征收税负明显上升，实施后最直接的影响是短期内将使二手房交易量大幅下降。

全国楼市在一段时间内呈现量跌价滞、观望情绪加重的特点。这对于一直以来"重售轻租"的中国房地产行业而言，是一次不小的挑战。房屋买卖的税赋提高，无论是对投资性买房还是刚需性买房，都有着不小的抑制作用。当一部分人群暂时打消买房的念头时，租房市场就会重新活跃起来。

第二，在降低了人们的买房欲望后，国家又对租房市场进行了规范，可谓"双管齐下，共同作用"。

例如，2013 年 7 月 1 日，北京市住房和城乡建设委员会、北京市公安局以及北京市规划委员会发布《关于公布本市出租房屋人均居住面积标准等有关问题的通知》，这则通知出于对租赁房屋人的安全以及租住双方权益的维护，对出租住房的安全条件、最小面积、租赁合同等作出了明确规定。

其中，对住房租赁企业来说较为重要的是第一条、第二条和第三条规定。规定的具体内容如下。

一、本市住房出租应当符合建筑、消防、治安、卫生等方面的安全条件，应当以原规划设计为居住空间的房间为最小出租单位，不得改变房屋内部结构分割出租，不得按床位等方式变相分割出租。厨房、卫生间、阳台和地下储藏室等不得出租供人员居住。

出租房屋人均居住面积不得低于 5 平方米，每个房间居住的人数不得超过2人（有法定赡养、抚养、扶养义务关系的除外）。法律法规另有规定的，从其规定。

本通知所指居住面积，是指规划设计为居住空间的房间的使用面积。

二、房屋出租人和承租人应当依法签订房屋租赁合同，租赁合同应当载明承租房屋间数、居住面积、居住人数等情况，并且明确约定相应的违约责任等内容。

出租房屋的安全由房屋所有人负责。出租人应当确保所出租房屋符合规定的安全条件，并自与承租人订立房屋租赁合同之日起7日内到房屋所在地基层管理服务站办理房屋出租登记手续。出租人应当对承租人使用房屋的情况进行监督，发现承租人违反相关规定和合同约定的，应当及时纠正，并报告相关行政部门。

房屋承租人应当对其使用行为负责。承租人未按照相关规定和合同约定使用房屋的，应当承担相应法律责任。

三、房地产经纪机构及经纪人员应依法开展房屋租赁经纪业务，不得为违反本规定的房屋租赁当事人提供经纪服务，不得参与或者教唆他人参与违反本规定的租赁行为。经纪机构及经纪人员违反本规定的，依法查处，记入信用档案，并向社会公示；涉嫌犯罪的，依法追究刑事责任。

该则通知的出台，对于房东、租客和住房租赁企业而言，都具有重要意义。房东和租客的合法权益进一步得到法律保障，而住房租赁企业也开始从阴暗的地底之下浮现上来，成为正规的、合法的、阳光的、更为世人所接受的行业。

2013年10月，习近平总书记在中共中央政治局第十次集体学习时强调："加快推进住房保障和供应体系建设，是满足群众基本住房需求、实现全体人民住有所居目标的重要任务，是促进社会公平正义、保证人民群众共享改革发展成果的必然要求。"

这体现着国家将更多的目光聚焦到住房租赁上来，在如此政策背景下，另一个利好消息传来，互联网企业58同城，于2013年10月31日在纽约证券交易所（New York Stock Exchange，NYSE）上市。

自互联网在我国高速发展以来，数不胜数的互联网企业融资、上市，每天都在震撼各个领域。但为什么要说 58 同城上市对于住房租赁企业而言是利好消息呢？因为 58 同城这家企业与住房租赁企业密切相连。

58 同城是一家提供生活服务信息的垂直门户网站，在这个网站上，用户可以免费获取租房、买房、卖房、招聘等信息。线上的租房信息在移动互联网逐渐普及后传播得非常快，短时间内，租客可以浏览到所有区域的住房出租信息，而房东或是住房租赁企业，也可以迅速发布住房出租信息。58 同城在此成了一个免费的信息媒介，促进了租住双方之间的交流，也为住房租赁企业发布信息提供了一个绝佳场所。

此次 58 同城上市后，得到了更多用户的关注，在运营、管理上也更加规范，无疑促进了住房租赁企业的发展。

谁的房子住起来舒适，我就租谁的房子

紧盯着所谓的技术创新而忽略市场需求，也是许多企业走入死胡同的重要原因。令人扼腕的是，太多企业总自信地忽视着技术创新以外的东西。彼得·德鲁克就曾在《创新与企业家精神》中叹息道："硅谷的高技术创业家仍然主要以 19 世纪的管理模式运行。"这些企业或许在技术领域拥有让同行艳羡的智慧头脑，却周而复始地在老少皆知的市场法则面前"栽跟头"。

"只要你发明一个更好的捕鼠器，你的家将门庭若市。"富兰克林的格言成了这些企业家的座右铭，可他们却没心思去思考，究竟是怎样一群人在需求捕鼠器，而这群人又想要什么样的捕鼠器。

企业立身的根本是产品。所有企业都希望不断打造出能够轰动一时、产生巨额利润的产品，迅速打开市场，持续引领行业发展。但与之相悖的是，许多企业又并不脚踏实地，总想着"剑走偏锋"，最后做出来的产品与客户需要的产品南辕北辙。

事实上，每一个客户都很简单，要的是产品的"效用"。谁的产品好用，我就选择谁；谁的房子住起来舒适，我就租谁的房子。

虽然说众口难调，有的客户希望厨房大一点，有的客户希望卫生间干净一些，有的客户希望床睡起来舒服。但客户对于"好房子"的评判，终归有一个大致的标准，每个客户心中都有"一杆秤"，他们清晰地知道自己期望的高品质的住房是什么样的。

若想敏锐地捕捉当下市场需求，企业需要及时更新自己对市场的认知与判断，进而调整出相匹配的运营与管理模式，这样才能让所有的创新找准方向，实现有现实效用的自我升级。

随着城镇化进程的加快，其弊端也开始显现出来。中等及中低收入家庭、新就业职工等"夹心层"群体置身于市场和政府保障之间的空白地带，住房问题迟迟得不到解决。另外，国家先后出台限购、限贷等一系列调控措施，使得这些"夹心层"群体的买房之路更加坎坷。这些"夹心层"群体的买房矛盾，就自然而然地转移到租房上。

自如似乎洞悉了这一事实，在加速互联网技术在房屋租赁事业上的运用之外，开始布局分散式的长租模式，在各个区域挑选一批适合长租的房源，装修后投入市场。自如在装修房屋时显然花了心思，在追求宜居的情况下，还加入了一些年轻人更喜欢的时尚元素，让房屋看起来更像一个家。

当客户可以随时随地通过互联网查看房源状态，并能因此租到满意的住房时，多个意外因素之间的整合效应便产生了。无论是房东还是客户，都因此而更加省心，市场在供需关系上开始偏向自如，很快，自如便打开了新局面。

青客公寓则更注重细节上的、人性的需求。

人们离乡千里，日复一日地在炫目却又陌生的霓虹灯下清点梦想，独在异乡为异客的代价是被迫悬空的安全感，大城市的生活压得他们根本空不出手去握住它。谁不想在夜色沉沉时能安心放空自己紧张了一整天的思绪呢？可租住的公寓里，似乎总有着挥之不去的不安稳感，尤其是只身在外的女孩们，细腻敏感的天性更是放大了这份情绪。

那些错过的暗处是否有正在窥探的眼睛？那道冰冷的门锁是否真的能阻隔所有未知的危机？都期望归家后的关门就代表着屏蔽所有的紧绷，可那些影视里、新闻中出现过的罪恶却不可避免地让人"望门忧心"——心中这份沉甸甸的焦虑，要如何化解？

这不仅仅是许多客户心中所想，更是青客公寓在反复思考的问题。最后青客公寓创始人金光杰得出结论：人们心灵上的不安定感，只有依靠情感来填补，但青客能利用实际操作，令这些不安定感减少。这种操作非常简单，不过是换一方足够坚实、牢固的门锁罢了。

早期青客公寓使用的是一般公寓普遍使用的弹子锁、弹簧锁，这些门锁轻轻松松便会被不怀好意之徒打开。于是青客公寓开始将门锁更换成可以远程控制的密码锁或刷卡锁。这类门锁不仅安全性较强，且对于客户而言更加方便。

采取这些措施后，不仅原有客户对青客公寓好评如潮，许多新客户在"货比三家"之后，果断选择了与青客公寓签约。

对于客户而言，财产的损失倒是其次，生命安全得不到保障才是最大的痛处。这正是客户的需求所在，所以说，企业永远不要妄图高傲地创造或改造市场，而是要千方百计地满足市场。

当 2013 年的最后一圈指针走完，新的一年马上就要到来。在此之前，住房租赁行业犹如在黑暗中不断摸索的"夜行人"，但此刻云翳稀薄，还未升起的太阳投射出一丝光亮，微微照耀了前路。

韶光

循流而下易以至，背风而驰易以远。

——汉·刘安《淮南子·主术训》

2014年 天光乍现

春笋刚刚开始露头的时候，是最值得欣喜和期待的，它冒出土壤的一个小尖尖，不是想让人们说"才这么小，还没长大"，而是在告诉人们：春天来了。

企业的发展也如这般，一些看起来只能算聊胜于无的成就，实际上只是冰山露出海面的一角，谁也不知道海底之下，一座巨大的冰山正在蓄势的待发。

"谁终将声震人间，必长久深自缄默；谁终将点燃闪电，必长久如云漂泊。"长久的蛰伏是漫漫长夜中无声的等待，此刻，黎明正在到来，天光乍现，彩云拂衣。

细分领域的商业机会

2013年12月6日，住房城乡建设部、财政部、国家发展改革委对外公布《关于公共租赁住房和廉租住房并轨运行的通知》，通知的主要内容为：从2014年起，各地公共租赁住房和廉租住房并轨运行，并轨后统称为公共租赁住房。

加强公共租赁住房管理，这是国家出于对住房租赁市场管控下，对住房租赁行业发出的信号。越来越多的人对租房有着刚性需求，但公共租赁住房无法满足所有人，甚至只能满足极其微小的一部分人群。

释放的信息很快被接收了。IT出身的李磊，于2014年或是退出或是卖掉之前创立的几家公司，开始涉足住房租赁行业。

那时几乎所有进入住房租赁行业的企业家，都只着眼于直接打造长租公寓。但与其他创业者选择服务租客不一样，李磊另辟蹊径，选择服务住房租赁企业。

2014年12月10日，李磊成立了一起住好房（北京）网络科技有限公司，打造了"会找房"软件，为长租公寓提供综合服务。

"会找房"软件打造"新基建＋行业服务"的产品服务体系，致力于利用互联网技术帮助长租公寓行业实现可持续发展。"新基建"以金融支持、公寓信息化管理系统、出房获客三个方面为长租公寓运营者提供底层业务支撑，实现公寓经营可持续化、管理数字化、交易在线化、推广高效化；"行业服务"以供应链、人力、法务、财务等中后台服务为基础，帮助公寓降本增效，有效促进长租公寓行业的发展。

这个概念看起来有点难以理解，但以"会找房"旗下的软件"全房通"为例进行阐释，就很好理解了。"全房通"是一款长租公寓 SaaS^① 管理软件，主要作用是帮助公寓企业实现在线房源管理、财务管理、租客管理，实时汇总数据，直观反馈业务发展动态。

这是一种新的业态。当越来越多人加入住房租赁企业，必然需要更加先进、系统、科学的辅助设施来帮助提供决策依据，达到降本增效的目的。

图 4　李磊在介绍"会找房"的 SaaS 管理系统

无论是面向租客的 App，或是面向企业的 SaaS 管理系统，都是互联网在住房租赁行业中的重要实践，而李磊成了"第一个吃螃蟹的人"。事实证明，他的赛道选择无误，这是一条竞争者更少的路，更容易获得成功。

---

① **SaaS**：是一种软件布局模型，其应用专为网络交付而设计，便于用户通过互联网托管、部署及接入。

同时，李磊还想出一个新的帮助年轻人解决租房资金问题的方法——租房分期，也就是人们常说的"租金贷"。

租房分期，简而言之就是租客与住房租赁企业签订一定期限的租赁合同，租客向金融机构申请贷款，贷款资金由金融机构一次性支付个住房租赁企业，租客按照约定分期向金融机构偿还本金并支付利息。租房分期与医美、家装、教育分期并称四大消费金融业务场景，是银行、消费金融公司、小贷公司等关注的重点。

分期消费原本是想解决年轻人租房缺乏资金的问题，将年轻人一次性付清租金的压力分摊到每个月。这件事情本身是正向的，并没有什么坏处。但由于一些客观原因或主观原因的存在，使得"租金贷"成了"阿喀琉斯之踵"[①]，稍有不慎便会产生严重后果。

除了服务于住房租赁企业的新点子外，还有一些创意十足的人们，开始深挖住房租赁行业细分领域内的商业机会，典型代表便是徐早霞。

徐早霞原本是一名护士长，后来还做到了院办主任。"人要死很久才能活一次。"受这句话影响，徐早霞放弃了稳定的工作，开始创业。

创业之初，徐早霞将注意力放在大学生群体上，她认为大学毕业生从学校毕业，找到工作再度过试用期，中间需要至少半年的时间过渡，这些群体对求职旅社的依赖程度很高。于是她以加盟的形式，进入求职旅社行业。

2014 年 2 月，徐早霞离开之前的企业，独自创立了安心公寓（安歆集团的前称）。她向来是一个大胆无畏之人，求职旅社的需求量在 2010 年后垂直下降，徐早霞想从服务租客转向服务企业，为企业打造员工公寓。这一想法遭到了求职旅社创始人的反对，于是徐早霞孤身离开。

成立安心公寓后，她将医疗行业的特点带到住房租赁行业。在医疗行业，病人更需要的是陪伴；在住房租赁行业，那些在城市中拼搏的人们，实际上也需要陪伴。两个行业千差万别，却有着相同之点。

---

① 阿喀琉斯之踵：指致命的弱点或软肋，阿喀琉斯是《荷马史诗》中的凡人英雄，他的脚后跟是身体唯一一处没有浸泡到冥河水的地方，在特洛伊战争中他被毒箭射中脚踝殒命，后来阿喀琉斯之踵就被引申为死穴或致命弱点。

促使徐早霞打造员工公寓的原因还有一个。有一年，徐早霞的同学托她帮忙看望一个在上海打工的亲戚，推开亲戚租住的房门，屋里空气中弥漫的异味让徐早霞几乎停止了呼吸。那是一个男生宿舍，小小的房子里几乎住了 30 个人，满眼可见蜘蛛网一样的电线，随意扔放的吃完的泡面盒，散落一地的烟头，到处都是的分不清洗过还是没洗的袜子，还有一个"热得快"正在"突突突"地烧着热水。

眼前的场景让徐早霞感到不适，她大为震惊。她是江西人，曾经在福建待过五年，医院给员工提供的单间宿舍，虽然不是很豪华，但至少干净整洁。

徐早霞问了问去看望的那个人："在这样的环境里，你是怎么活下来的？"那人回答："其实我们都能忍，这样的环境只要大家把卫生打扫好，还是能凑合的，只是这些人都太懒了一些。"

那人又补充道："最让我郁闷的事情不是卫生问题，而是有两次我下班后回到宿舍，行李被扔掉了。因为群租房不合法，被举报后城管执法，就把我们的床拆掉，行李也扔了。那一瞬间，我其实非常痛苦。在这个城市我很迷茫，我觉得低人一等，我们每天小心翼翼的，不但不敢大声说话，甚至走路都要蹑手蹑脚，生怕被人举报。为什么公司明明给了钱，却让我住得一点都不安心呢？"

身处异乡的人们，总是各有各的难处。徐早霞希望能为他们做点什么，她下定决心要"为游子守护公平和温暖"。

事实上，住房租赁行业虽然是一个民生行业，但很多真正能代表大众的群体被忽视了。根据国家统计局抽样调查结果，2014 年全国农民工总量为27395 万人，比上年增加 501 万人，增长 1.9%。其中，外出农民工 16821 万人，比上年增加 211 万人，增长 1.3%。在城市中，这些广大的从事基层工作的外来务工人员，他们不像都市白领那样追求生活的质量，他们仅仅是想要一个能让自己安心入睡的小窝。

安心公寓的名字，也由此得来，徐早霞希望提供一个让人安心的住宿环境。为此，住房租赁行业中唯一一家 B2B[①] 住房租赁企业诞生了（之后由于商

---

① B2B: Business-to-Business，指企业与企业之间通过专用网络，进行数据信息的交换、传递，开展交易活动的商业模式。

标注册的问题，安心公寓改为安歆集团）。

员工公寓与其他住房租赁行业聚焦的白领公寓不同，其对接的不是单个租客，而是一个企业。而企业为了节约生产成本，往往不会耗费大量财力为员工提供高质量宿舍。因此，徐早霞只能走"薄利多销"的路子。

她通过精细化管理，严格控制成本，保证每一个环节的成本都要比同行便宜。安歆便利店里的商品，比其他便利店便宜至少20%以上。

"白领公寓的获客成本通常是单月房租收入的10%~12%，而安歆只有1.5%，因为我们ToB，可以单点突破，而ToC因为不知道客户在哪里，只能线上推广、投放广告。我们的客户合同一年一签，第二年的续签比例是80%，而个人租客续签的可能性只有30%。接下来，因为我的企业客户之间是联动的，所以我们的转介绍率很高，大概40%~50%的客户是转介绍的。"徐早霞在介绍其企业生存经验时谈到。

但控制成本并不意味着降低服务质量，徐早霞首创了租房租赁行业的四个标准：安全对标校园，服务对标酒店，卫生对标医院，生活对标智慧社区。

员工们可以拎包入住，公寓内每天都有管家专门打扫卫生，只需要一个手机，就可以解决入住、交费、报修、换房等问题。

与白领公寓相对，安歆因为业务主线是员工公寓，被很多人称为"蓝领公寓"。"安歆做员工公寓，产品线是为企业不同层级的人打造的，我们从来就没有把自己定义为一家蓝领公寓公司，只是城市奋斗者中蓝领人群基数更大，而社会给予他们可住的高性价比的房源比较少。"对安歆被称为蓝领公寓，徐早霞作出回应。

安歆集团的出现，是住房租赁行业在更为细分领域内的成功，可谓多方受益。

从国家角度来看，长久以来难以处理的群租房问题有了新的解决思路。将一间房改造成数间隔断房，不仅居住环境差，且存在极大的安全隐患。火灾在群租房中多有发生，一个随手扔下的烟头，或是做饭时忘记关闭的煤气，都极有可能引起火灾。这也是国家对群租房进行清理的重要原因。

而安歆集团以更群租房的价格，打造了更为安全的住房条件，不得不说是一种新的尝试。

从企业角度来看，提供更为优质的员工宿舍，能够提升企业员工的入职率，并降低员工流失率。

企业要发展，人才是关键。"招人难""留人难"等问题目前已经成为所有企业普遍面临的共性问题。人才流失对于企业而言是一个非常严重的问题，将直接影响到企业的发展状况。人才招聘和留存困难，不仅仅关乎一个人的去留，企业会因此而失去更好的发展前景，造成经验丢失、技术流失等情况。在培养人才上，企业耗费的大量精力和财力将付诸东流。

近几年来，国家一直在大力发展各类经济开发区和产业园区，但这些园区的招聘工作并不理想，其中一个重要原因就是这些园区往往位于经济欠发达的郊区，企业员工的住房问题没有得到解决，使得员工"招不进来"，又"留不下去"。

安歆集团能够根据企业的要求，打造配套的员工公寓。对于劳动密集型企业而言，可以配备基层员工公寓，满足中低收入群体的住房租赁要求；对于科技制造型企业而言，则更适合打造白领公寓，以更优质的服务满足高技术人群的住房需求。

从员工角度来看，他们是最直接的受益者，能够享受到更舒适、更令人安心的住房。

在徐早霞心中，要想在住房租赁行业崭露头角，无非是眼里有光，心里有人，手中有尺。做到这些，无论面对什么样的客户，都可以问心无愧、游刃有余。

事实上，以住房租赁行业为核心，围绕装修设计、软装配置、家具生产、家电制造、智能硬件、SaaS 系统、房屋维修、室内保洁、分销代理、咨询顾问、金融服务、教育培训、自媒体等行业织就了一张巨大的"供应链网"。

住房租赁行业对于上下游供应链的认识经历了一个较为漫长的过程，与其他行业中供应链往往伴随着市场主体蓬勃发展的状况不同，住房租赁企业在很长一段时间内，都在亲力亲为、事无巨细地完成所有环节中的工作。这使得住房租赁企业的工作量异常庞杂，因为工作流程冗长、拖沓，效率无限降低。

现代社会高度发达的重要特征之一，就是社会化分工日益明确且细化。例如，某住房租赁企业，打造了一个长租公寓，房源来自于房地产公司，装修由装修公司全包，房间内家具由某家具企业提供，家电由某家电供应商统一调配，购买了某软件公司的 SaaS 系统，宣传工作交付给某传媒公司，室内保洁外包给某保洁公司……在整个过程中，这个住房租赁企业，只负责与租客签订合同，收取租金。

整个供应链网络涉及的细分产业繁多，但目前来看并不发达，行业内部对于供应链网络的认识还相对落后，实际上，在诸多细分领域中，蕴藏着无限商机。

例如，住房租赁行业的发展将对中国家具产业的发展产生重大影响。住房租赁企业往往规模较大，会大批量采购家具，比以往的小额订单扩大了几倍甚至几十倍。大批量订购家具，自然能够通过数量获得价格优势，还能够在与家具生产厂家谈判时获得主导地位，这不仅仅是家具产业的发展契机，也是住房租赁企业节约成本的重要途径。

许多头部住房租赁企业，已经在家具的生产、仓储、运输、组装等方面建立了完善的链条，与诸多家具生产厂家建立了长期联系。

如果说住房租赁企业是一个价值数万亿的蓝海市场，那么其"供应链网"上的各个细分产业，也会因此而得到整体突破。因而，住房租赁企业与供应链上的其他各细分产业之间，是一种相互依存、互惠共赢的合作关系。

凭一己之力，引爆整个行业

"YOU+ 创始人刘洋在车库咖啡创始人苏菂牵线搭桥下，见了红极一时的小米 CEO 雷军，只用五分钟便让雷军砸下了一个亿。"

这一消息几乎刷爆了当天住房租赁行业所有人的朋友圈。《雷军的新项目逆天了：让你租房更便宜，还有家的感觉》《雷军投了长租公寓，这行到底咋回事？》《说说雷军一亿元投资 YOU+ 公寓的事儿》等一系列点评这件事情的公众号文章纷纷袭来。

2012 年，刘洋和刘昕才刚刚创立 YOU+，时隔两年，便拿到红极一时的互联网"大咖"雷军的一亿元投资，这在任何行业创业史上，都是火箭般的速度。

事实上，YOU+ 的发展与所有创业企业一样，充满了艰辛与坎坷。早期刘洋直接用"揭竿而起"四个字来形容他们创业的窘境。"当时，在极度缺乏资源的前提下，我们没有房源、资金、装修经验、物业管理服务经验……备受各界质疑，外加行业处于冷门的状态，很多资本都没准备进入这个领域。"这是刘洋 2019 年接受《中国房地产金融》采访时的口述。

2012—2013 年，第一栋 YOU+ 国际青年社区的创立，便差点让刘洋和其他几位联合创始人"溺毙"在资金链断裂的漩涡里，以至于他们最后没有钱将所有房间装修完。为了支撑项目走下去，刘洋和刘昕提前招租，展示了几个具有代表性的样板间，以此获得后续装修和运营资金。

这是一件非常危险的事情，相当于向租客融资，但租客是非常不稳定的，很容易加剧企业资金链断裂的情况，更好的解决方式是获得稳定的融资。

"山重水复疑无路，柳暗花明又一村"，在刘洋焦头烂额之际，投资者苏菂在机缘巧合之下与刘洋相识了。

苏菂是车库咖啡创始人，一直以来都非常关注创业者。2011 年 4 月，苏菂创办了以创业和投资为主题的咖啡馆——车库咖啡馆，只要是创业者，每人只需点一杯咖啡，就可以在这里享用一天的免费开放式办公环境。

苏菂创办车库咖啡的初衷，就是为创业者提供更好的创业环境，为创业者提供与早期投资机构对接的场所。到 2014 年，车库咖啡已经成为全国最有名的创业孵化基地，效仿者众多。

在车库咖啡，苏菂认识了一个做搭配分享网站的创业者 Sam。2012 年末，Sam 离开北京来到广州，成为 YOU+ 国际青年社区的第一代"家友"。

在 YOU+ 待了一段时间后，Sam 感觉到 YOU+ 与车库咖啡存在很多共通之处，于是，他积极地促成了刘洋与苏菂的相识。但这次相识仅限于网络，两人还未正式见面。

一直到 2014 年 5 月，刘洋才和苏菂在广州时代地产举办的一次活动上首次见面。两人一见如故，碰撞出强烈的火花。

YOU+ 国际青年社区里面本来就有 20%~30% 的 "家友" 是创业者，刘洋畅想："如果我们把它打造成创业者之家，吸引更多的创业者住在这里，他们不仅可以在一起研究项目，还可以与来自各行各业的家友寻求资源互补，YOU+还能为他们提供创业者的研讨与分享会，并引入投资人与项目对接，相当于把创业链条上的每一个环节整合起来，成为比车库咖啡更伟大的创业孵化基地。"

这让苏菂激动异常。他当即拍板，决定加入 YOU+。为此，他甚至选择退出车库咖啡的管理层，全力投入 YOU+ 的未来畅想中。

苏菂的加入，使得 YOU+ "让创业者住在一起"的想法更加热烈。车库咖啡早前所做的努力，不过是让创业者 "聚"在一起，当创业者们能够 "住"在一起，更多的可能性会在创业者 "群"中迸发。

这是刘洋与苏菂共同的梦想，早在车库咖啡启动阶段，苏菂就曾有过这一设想，但当初并未落实下来，只有不了了之。如今这个梦想有了重新实现的机会，苏菂不想其再次沉寂。

刘洋和苏菂都很清楚，要想扩大规模，实现梦想，需要资本的支持。恰好此时一位中国著名天使投资人也在筹划进军公寓市场，他就是雷军。

雷军何许人也？正是当时红极一时的小米手机创始人。2011 年，小米手机横空出世，很快便因为性价比高受到一众年轻人的青睐，彼时，小米手机的 Slogan "为发烧而生"几乎人人皆知。

时至 2014 年，小米手机已经颇具规模，雷军对此时小米的评价是："我们从行业的追赶者，变成被全行业追赶的对象。"他表示："国内同行对于小米模式的研究、学习、模仿已经达到 '像素级'。"这一年，小米共售出 6112 万台手机，年增长率高达 227%。此前，小米刚刚完成了 11 亿美元的融资，估值达 450 亿美元。

雷军对住房租赁行业早有兴趣。早在当年 2 月，小米手机员工 "钟雨飞"便在微博发布了一条消息称，小米今年将开建小米公寓作为员工福利。这一消息发出后，小米企业内部和外界都非常关注。

但到了 6 月份，雷军在微博上作出了明确回应："小米精力和能力有限，做不了房地产，请大家原谅。"

在苏莳的牵线搭桥下，刘洋于 8 月份在北京雷军的办公室里见到了这位互联网名人。整个会谈过程非常顺畅，只用了五分钟，雷军便决定领投 A 轮融资，并担任 YOU+ 的顾问。

图 5　YOU+ 部分创始人与雷军的合影（从左起依次是刘洋、雷军、刘昕、苏莳）

这一消息传出，整个房地产行业和互联网行业都大受震撼。9 月，雷军在小米投资峰会上对自己的行为进行了解释："我也在北京的地下室漂过，YOU+ 做的是能给漂泊中、创业中的年轻人一个正能量、有温度的梦想家，这是个 1000 亿美金的公司，一个做不完的事业！如果不是因为承诺小米其他合伙人，小米是我最后一个创业项目，我就一定要加入 YOU+，跟他们一起去改变一代年轻人！"

在雷军看来，YOU+ 国际青年社区，是一项值得投入的伟大事业。

YOU+ 获得雷军一亿元的投资，其意义绝不仅仅在于使 YOU+ 有了更为广阔的发展空间，更是让 YOU+ 和整个住房租赁行业浮出水面。在刘洋看来，这是 YOU+ 的一次重大变革；在其他住房租赁行业的同行们看来，这次变革是中国住房租赁行业的一次启蒙，起到了引领作用。

住房租赁行业被彻底引爆，一群志同道合的人蜂拥而至，加入这个行业。

且当下这一领域属于蓝海市场，即使进入者众多，也不会因为竞争而面红耳赤。刘洋觉得进入这片海域的人都是游泳者，各自只需掌握前进的路线不偏离，彼此间可互相交流经验心得，必要时甚至可以抱团前进。

YOU+ 获得雷军投资这件事情，使租赁企业从一个经济体晋升为社会体，或者说是成为一个具备保障性质的产业，为整个社会所关注。2014 年也因此被称为住房租赁元年，一个新的属于住房租赁行业的时代开启。

当社会开始关注住房租赁行业，政府也随之为行业提供了更多发展机会。从 2014 年开始，国家开始大力推进住房租赁行业。虽然住房租赁企业可能只贡献了微薄的力量，但正是因为企业影响了媒体、影响了人民，进而影响了社会舆论导向，才使得住房租赁行业不再只能沉寂于黑暗的地底，开始见到天日。

花开两朵，各表一枝

在 2014 年的历史上，还有一家住房租赁企业留下了浓墨重彩的一笔，那就是优客逸家。这一年，优客逸家获得了经纬中国、海纳亚洲、君联资本 2200 万美元的投资。

这一事实不仅仅体现出优客逸家的巨大潜力，更重要的是充分证明了分散式长租公寓的商业可能。

什么是分散式长租公寓？

前文中提到的 YOU+、新派公寓等，都属于集中式长租公寓。集中式长租公寓是指集中在一起的，具备公共活动区域和完善设施、提供拎包入住的整租单间公寓产品，主要利用自持土地开发或楼宇整租改造方式进行运营。

分散式长租公寓与之相对，具体含义是指住房租赁企业的房源分散在城市的各个区域、各个小区、各栋楼里，没有形成聚集效应，主要依靠整合户主房源进行重新装修管理。

优客逸家早期在成都探索分散式，2014 年，优客逸家的版图扩展到武汉，随后，又在杭州、北京等地成立了分公司。

分散式长租公寓虽然看起来分布杂乱，不像集中式长租公寓那样好管理，但实际上其背后也有着一整套的管理标准，运用了智能化的管理系统。

分散式长租公寓看起来似乎不如集中式长租公寓有优势，但两者实则各有所长。

从房源获取上看，集中式长租公寓通常是对已有的酒店式公寓或工业厂房进行改造，这些房源本身就有隔断，在装修上成本更低，但只能按间出租，面积较小；分散式长租公寓通常从个人房东手中获得闲散房源，这些房屋格局各异，但可以选择整套出租或分间出租，比较灵活。

从服务上看，集中式长租公寓能更轻易地利用公共空间提供公共服务，如咖啡厅、台球室、健身房、电影院等，这些公共服务非常吸引对生活品质有要求的年轻人；分散式长租公寓通常采用的是"N+1"的服务方式，即将房屋中面积较大的客厅、起居室改造后，作为一间房单独出租使用。

从发展规模来看，集中式长租公寓需要对整栋楼进行承包、改造，但即使是一整栋楼，也往往只能容纳几百个房间，且整栋的房源比较难获取；但分散式长租公寓的产品可以分布在城市中任何一个小区中，以统一的标准进行装修，扩张速度可以非常快，能够形成较大规模。

自如（深圳）城市总经理郭伟曾表示："自如来深圳的时候有想过，是不是应该同时做分散式和集中式，但最后决定做分散式。我们发现在深圳能最快接触到客户，为客户解决居住问题，以及提升规模的肯定是分散式的。"

在当前市场环境下，集中式长租公寓和分散式长租公寓就像是一朵并蒂莲，根出同源，但发展不一，既不能单方面否定分散式长租公寓，也不能单纯认为集中式长租公寓更具优势，两者互相学习，共同进步，才能促进住房租赁行业健康稳定发展。

除了按照集中和分散两种方式对长租公寓进行划分，中国饭店协会公寓委员会专家组组长穆林教授认为也可以根据租客群体对长租公寓进行划分，可大致划分为四类。

一类是面向高端群体的服务式公寓，这类公寓有一个特点，就是它的房租通常高于两倍的社会平均工资，假设一个地区人均月收入是 6000 元，那么高端服务式公寓的房租应该在 1.2 万元以上。这类公寓主要服务于高收入人群，房屋品质很高，居住面积较大，环境较好。

一类是青年公寓，主要服务身处异乡的年轻人，是各种长租公寓中受众人群最多的一类，在一线城市具有很大的发展空间。

还有宿舍型公寓，典型企业如徐早霞打造的安歆集团，有着异曲同工之妙，其服务对象通常是企业，尤其是城市新服务产业工作人群，帮助企业提供员工宿舍。

另外，老年公寓也逐渐成为长租公寓发展中的重要一环，老年公寓主要服务于老年群体，老年人在其中居家养老，公寓主要提供便于老年人的各种服务。

对长租公寓进行细致而具体的类型划分，对于研究其发展状况，以及未来发展趋势，有着重要意义。

2015 年　风口开启

随着政策和资本双风口来临，住房租赁行业进入发展的红利期。一时间，所有住房租赁行业从业者都信心满满，在憧憬与向往之中，人们开始进行大刀阔斧地改革，发展出许多独树一帜的新模式。

是跟随市场裹挟，以超出自身能力范围之外的方式扩张，为后续发展埋下一颗隐雷，还是坚持本心不随风飞舞，却要担心被时代落在后面。如何选择，何种方式才是正确的，我们不得而知。

九万里风鹏正举

让住房租赁行业一飞冲天的是政策东风。早在当年的 1 月 6 日，住建部就发布了《关于加快培育和发展住房租赁市场的指导意见》，一系列鼓励和支持住房租赁市场发展的政策彻底激活了住房租赁行业。

其中第二点"建立多种渠道，发展租赁市场"格外醒目，具体内容如下。

二、建立多种渠道，发展租赁市场

（三）建立住房租赁信息政府服务平台。

搭建住房租赁信息政府服务平台，是各市县房地产管理部门职能所在，是政府引导市场的重要手段。

建立政府服务平台，为租赁市场供需双方提供高效、准确、便捷的信息服务，出租人可随时发布出租房屋的区位、面积、户型、价格等信息，承租人可发布租赁房屋的需求信息，逐步实现在平台上进行对接；提供房屋租赁合同示范文本，明确提示双方的权利义务；为房地产中介机构备案提供方便，公布经备案的房地产中介机构名单、房地产中介机构和从业人员信用档案等信息。

有条件的城市，要逐步实现房屋租赁合同网上登记备案，方便群众办事。

（四）积极培育经营住房租赁的机构。

推进住房租赁规模化经营，能够提升租赁服务水平，稳定租赁关系，规范租赁行为，促进住房租赁市场发展。

鼓励成立经营住房租赁的机构，通过长期租赁或购买社会房源，可直接向社会出租；也可以根据市场需求进行装修改造后，向社会出租。经营住房租赁的机构，要提供专业化的租赁服务。积极引导经营住房租赁的机构，从事中小户型、中低价位的住房租赁经营服务。探索建立支持经营住房租赁机构发展的融资渠道。

（五）支持房地产开发企业将其持有房源向社会出租。

支持房地产开发企业改变经营方式，从单一的开发销售向租售并举模式转变。

鼓励有条件的房地产开发企业，在新建商品房项目中长期持有部分房源，用于向市场租赁；也可以与经营住房租赁的企业合作，建立开发与租赁一体化、专业化的运作模式。

支持房地产开发企业将其持有的存量房源投放到租赁市场，也可以转成租赁型的养老地产、旅游地产等。

（六）积极推进房地产投资信托基金（REITs）试点。

REITs 是一种金融投资产品，推进 REITs 试点，有利于促进住房租赁市场发展，有利于解决企业的融资渠道，有利于增加中小投资者的投资渠道。

通过发行 REITs，可充分利用社会资金，进入租赁市场，多渠道增加住房租赁房源供应。积极鼓励投资 REITs 产品。各城市要积极开展 REITs 试点，并逐步推开。

（七）支持从租赁市场筹集公共租赁房房源。

从租赁市场筹集公共租赁房房源，有利于提高安置工作效率，有利于盘活存量住房，有利于解决公共租赁住房管理难等问题。

各地可以通过购买方式，把适合作为公租房或者经过改造符合公租房条件的存量商品房，转为公共租赁住房，保障性住房要逐步从实物保障为主转向建设和租赁补贴并重，"补砖头"与"补人头"相结合。

鼓励和支持符合公共租赁住房保障条件的家庭，通过租赁市场解决住房问题，政府按规定提供货币化租赁补贴。

这些政策对于住房租赁行业而言无一不是利好消息，从政府、房地产行业和金融等各个方面，对住房租赁市场进行扶持。尤其是第六条关于积极推进房地产投资信托基金试点的政策，是住房租赁行业在资产证券化上的重大突破。

在此契机下，52 团租创始人徐再军萌生了创建广东省公寓管理协会的想法。他很快进入筹备状态，联系各方负责人，为搭建一个管理和完善住房租赁行业的平台努力。

11 月，国务院办公厅出台关于《加快发展生活性服务业促进消费结构升级的指导意见》，首次点名"积极发展客栈民宿、短期公寓、长租公寓等细分业态"，并将公寓定性为生活性服务业。

住房租赁行业一时风头无两，几乎成为当下最受欢迎的投资行业之一。乘着政策东风，大型房地产商、酒店集团、创业公司、风投资本等大举进军住房租赁行业。整个 2015 年，住房租赁行业融资事件高达 23 起，累计总融资额约 32.5 亿元。2015 年也因此被称为住房租赁行业"转折的一年"，是住房租赁行业走向主流的重要基石。

事实上，在政策东风刮起来时，魔方生活服务集团的 CEO 柳佳确实有过一阵非常焦虑的状态。在那段时间，诸多同行们跑马圈地，抢项目、抬高租金、哄抢房源，整个市场看起来混乱无序，魔方是否也要加入其中？柳佳着实纠结了一阵子。

但很快，她冷静下来，魔方不能跟风。这来源于柳佳对这个行业本质的清醒认知。住房租赁行业是一门需要长期经营的生意，回报周期比较长，也不是暴利行业，希望通过加入住房租赁行业，迅速实现资本积累的人几乎是妄想。

柳佳深知，只有冷静下来，修炼"内功"，以扎实的基本功和精细的运营做好产品和服务，才能通过长期发展获得复利。

"三国杀"变"一家独大"

2015 年的春天，被称为"神奇网站"的 58 同城在收购途中给安居客画了一个圈。彼时，58 同城的租房和二手房业务已落地到了全国的 100 多个城市，与安居客一拍即合，于 2015 年 3 月 2 日正式对外宣布并购安居客，交易金额达 2.67 亿美元。

此前，即便 58 同城获得了腾讯十亿美金的投资，其 CEO 姚劲波也在努力改变大众对 58 同城的互联网"牛皮癣"印象。于是，58 同城开始明确了下一个阶段的发展方向和目标，对平台进行大刀阔斧的改革：完成用十亿美元投资的并购目标，重调组织架构。

在并购过程中，由于 58 同城门类较多，除了并购 e 代驾、魅力 91、土巴兔等多个领域的企业外，58 同城也并购了住房租赁行业的安居客。

在众多找房平台中，为何 58 同城会斥巨资选择安居客？安居客为何也甘愿被收购？要想解开这一切谜团，首先得从那一场洽谈说起。

在并购前的洽谈中，58 同城 CEO 姚劲波和安居客 CEO 梁伟平各有"算盘"。

在住房租赁行业，安居客品牌已沉淀了八年之久，作为"在线找房"的发明者，安居客已然拥有更为成熟的经验。除此之外，58同城的住房租赁定位在中低端、刚需的房子，而安居客则定位在中高端，更贵、更大一点的房子，两者若能合并，则可以更好地满足用户体验。这两点是姚劲波看中安居客的重要原因。

反观安居客的梁伟平，因2014年3月单方面宣布端口涨价，与房地产中介关系闹僵，安居客生意不复从前，导致IPO计划受挫，自那时起，梁伟平就萌生了出售安居客的想法，并且想在安居客被收购后辞职创业。在与众多收购者对接时，当梁伟平提到要退出安居客，大部分收购者知难而退，唯有58同城同意梁伟平出去创业，所以双方洽谈顺利，完成了并购。

在完成收购后，58同城迅速成立了房产事业群，借助58同城的平台、流量、用户优势，将58同城与安居客结合起来，进而产生"1+1>2"的效果。

58同城的此次收购，算是在赶集网的房产市场楔入了一颗钉子。但俗话说，没有永远的敌人，只有永远的利益，这句商业真理又在58同城和赶集网的合作上应验了。

58同城与赶集网的故事，得从十年前谈起。

姚劲波和杨浩涌，一个被称为"土狼"，一个被称为"海龟"，看似八竿子打不着的两个人，却在创业时选择了前景较好的分类信息网站。几年后，58同城和赶集网的广告妇孺皆知，两者成了国内分类信息网站的领头羊。

可见，互联网的奇妙之处就在于，找准了风口，你就能飞起来，58同城和赶集网在一次又一次的风口上跑步前进，最终与安居客形成了住房租赁行业的"三国杀"格局。

当58同城收购安居客后，其实力大大增强，处于弱势的赶集网为了"强强联合"，才选择与58同城化干戈为玉帛，携手度日。

"六年前我就预测到今天这个结果，为不浪费我这个域名，我'追'了杨浩涌一年。"姚劲波在收购赶集网的发布会上这样表示。2015年4月17日，58同城与赶集网正式合并，姚劲波与杨浩涌共同出任新公司的联合CEO，并同时担任联席董事长。

事实上，从利益角度来说，十年冤家"结盟"的原因主要有以下四点。

首先，双方合作之后，各方营销成本会大大降低，节省下来的费用可以投入新业务之中；其次，资本市场偏向58同城，58同城的股价却又受到赶集网的牵制，两者若合作，合并市值会比独立上市要高；再者，58同城和赶集网的本地信息服务业务避免了价格战，双方在未来议价时会更具优势；最后，58同城和赶集网业务互补，58同城的租房信息服务为赶集网的租房市场打开了渠道，而赶集网的基础职务招聘填补了58同城招聘业务上的空缺。

合作之后，58同城和赶集网在住房租赁行业越走越远，两大平台业务量慢慢变大，流量也慢慢变多，开始领跑市场，实现了住房租赁业务上的共赢。

随后，往昔的"三国杀"又作出了一个引发众人关注的举动，即58同城、赶集网、安居客联合宣布，三大网络平台实现一号通融。这也意味着房产经纪人只需要申请一个账号，就可以实现58同城、赶集网、安居客三个房产平台的管理。

"三网合一①"的形式，不仅给房产经纪人带来了更多的便利（例如一键发布房屋信息），同时租客也能全方位地了解到房源信息，卖家也可以及时收到匹配的租客信息，可谓"一举三得"。

可以说，无论是58同城的收购计划，还是三大平台的梦幻联动，这一系列的改革都给住房租赁行业带来了大大小小的影响，既有有利影响，也有消极影响。但毋庸置疑的是，"三国杀"变成"一家独大"这一现象，为中国的住房租赁行业带来了重要意义，深深影响了国内住房租赁行业的发展。

新蓝海的灯塔

全雳从2004年开始就进入了住房租赁行业，到2013年时，他经营的长租公寓一年的营业额达到了两个亿。但在2015年，全雳将自己的公司出售，开始另辟蹊径，走另一条道路。

---

① 三网合一：三个网站的经纪人移动App统一、PC后台统一、用户管理统一。

当住房租赁行业成为新蓝海，越来越多的人进入其中。与其挣扎其中，不如避其锋芒，在新的领域占据主动地位。这并不意味着退缩，而是一种选择。

考虑到展现形式和自己的写作爱好，2015 年 3 月，全雳创办了自媒体公众号"房东东"，这是国内第一家聚焦长租垂直细分领域的轻资产资讯公司。

谈到更换赛道，全雳笑着说道："冯仑有句话说得好，开心工作，顺便赚钱。自我驱动，自己能得到精神愉悦，还能获得收入，这是最好的。我骨子里喜欢"房子＋服务"，尤其是后者，我觉得能做服务是一种快乐。长租行业也恰恰需要发自内心的服务意识，我愿意在这个行业做到退休、做不动为止。"

2015 年 7 月 31 日，全雳举办了中国第一场住房租赁行业创业高峰论坛。

图 6 "房东东"主办的中国公寓创业高峰论坛

由于此前没有过相关经验，全雳的内心也十分忐忑，担心无人"捧场"。原本他预计能有 300 人前来参会，就已经十分乐观，没想到最后来了 600 人，因为场地原因，很多人甚至站在门口从头听到尾。

这令全雳感到十分惊讶，但也使他的想法更加坚定。从未有人像这样将整个行业的大咖们聚集在一起，互相交流经验，可见从业者们十分迫切地需要这样一个平台。即便会议结束后，大批从业者仍然不愿离开，在会场讨论、交流了许久。

"尽识葭无毒，明知堇有灾。安知尝试者，百死百生来。"这是南宋诗人刘克庄的一首诗，名叫《杂咏一百首·神农》，全雳在住房租赁行业做出的尝试，虽比不上神农尝百草那般具有开天辟地的意义，却也颇有一点突破和开拓的意味。

全雳希望房东东能够成为中国长租新蓝海的灯塔，把新鲜、有深度的长租资讯和行业经验带给从业者，让大家少掉坑、少走弯路，同时传播行业正能量，客观公正地引导市场。

全雳坦言："很多人做创新是天马行空、自说自话，房东东的创新驱动则源自于客群反馈的需求。例如，明年我们会大力发展企业定制化培训，这是大量企业在接受我们培训后提出的需求，是自然产生的商机，不是我们刻意想出来的。"

房东东的服务内容围绕两个方面展开，一是公寓培训，二是公寓研究。

公寓培训是指给住房租赁行业从业者进行综合的培训，包括了服务意识、服务理念、开发投资、法律法规、投资模型、运营管理、租后管理、财务融资、税务筹划等 12 个模块。培训内容涉及住房租赁企业运营的全过程，专业而全面。

谈及发起公寓培训的初衷，全雳颇有感慨："多年来，我最难忘的，是长租从业者渴望的眼神，渴望更深入地了解行业，渴望用正确的方式进入行业，与行业共成长，渴望得到政府关怀和认可。看到这些，我心想，一定要把房东东做得更好，把更优质的内容呈现给大家。"

2015 年政策风口开启后，许多人盲目进入住房租赁行业，希望抓住风口，赚一笔"快钱"，但事实并非期望的那般容易。

首先，住房租赁行业对于从业者的要求非常高，尤其是企业的创始人或高层管理，他们需要对房源获取、商务谈判、法律条款、定位设计、客群研究等诸多方面了如指掌，才能在复杂且多变的住房租赁市场中生存下去。

中国房地产行业发展至今，已经开始由增量运营时代逐步进入存量运营时代，房屋过剩将成为必然结果。为此，许多住房租赁行业从业人员甚至开始研究如何将"互联网经济"和"房地产经济"整合起来，进行大数据分析、移动终端导入互动，并研究智能家居等新兴市场，希望通过多方整合，将资源有效结合，减少闲置和浪费。如何在更为紧缩的市场空间中生存，显然是时代对于对从业者提出的更高要求。

其次，住房租赁企业的运行模式与传统的房地产公司或其他互联网公司不同，房地产公司属于快周转模式，现金流通极快；互联网公司同样如此，要一边"飞奔"一边融资，稍有不慎便会滚入车轮之下；但住房租赁企业根本快不起来，其最大的特性便是"慢周转、重服务"，在这个行业中，慢就是快。只有拥有足够耐心，将发展重心放在服务上的企业，才能厚积薄发。

最后，并非所有城市都适合发展住房租赁市场。中国有 600 多座城市，适合聚焦住房租赁业务的城市并不多，全雳认为可能只有 12 座，如果想再聚焦一些，甚至只有七八座城市适合长期布局住房租赁企业。

如果没有理解住房租赁行业的特性就贸然加入，最终的结局将会是破产。这也正是全雳将公寓培训作为房东东主要业务体系的重要原因。

公寓研究是对整个住房租赁行业进行系统化研究，提出一些专业数据分析和有建设性的意见，以指导整个行业良好发展。在这一方面，房东东有许多突出的成绩，如和链家研究院共同发布《长租公寓白皮书》《北京租赁大数据》《中国住房租赁政策汇编》等诸多文献。

随着住房租赁行业的发展，房东东参与的研究也更加与时俱进。他们研究租赁人群、租赁行为、租赁智能化以及供应链管理等内容，旨在帮助住房租赁企业降低投资总成本。全雳表示："这些研究还处在初级阶段，未来，房东东将进一步拓展广度和深度，增加区域数据方面的研究，更好地提炼数据，分享给广大从业者。"

对于公寓的研究，房东东也不仅仅局限于宏观领域，也将这些数据、分析落到实处，为企业提供全面的咨询和评审服务。例如，房东东帮助许多国有企业在"拿地"上进行分析比较，力图使国有企业做出正确的决策。

住房租赁行业正处于群雄逐鹿状态，并未将这个万亿级的市场瓜分殆尽，也没有形成标准统一的规模效应，一切仍在摸索之中。任何市场在还未形成成熟的商业模式之前，但凡能够实现从 0 到 1 的一点点突破，都有可能打造出一个全新的、潜力无限的市场。

在住房租赁行业，真正的较量并不在于进入的先后，也不局限于财力的雄厚程度，而是团队的决心和突破性思维方式。利用超出常规的思维方式，将传统住房租赁行业与互联网打散再重新排列组合，会有意想不到的收获。

这也正是房东东能够一路披荆斩棘、奋发向前的重要原因。当全霁不断坚持"聚焦、垂直、细分、领先"，在行业中担任起"指路人"角色，并始终保持活跃度和新鲜度时，或许就已经注定了他能够走得更远。

嚯，那么大的一个租赁社区

随着生存发展的需要和社会的进步，越来越多的人远赴他乡追寻自己的梦想，虽然大城市的高消费压得很多人喘不过气来，但是比起家乡，这里有着更多的发展机会和更好的发展前景，所以他们无法抛弃一切回到家乡，于是便有了很多人常常挂在嘴边的那句话：故乡容不下灵魂，他乡容不下肉身，于是便有了远方和漂泊。

抛开工作因素不谈，当一个人独自踏上异乡的土地的那一刻起，他就面临着一个问题——找住处，而这也是令很多人最为头疼的一个问题。在房价飞速上涨的当下，作为需求方的租客，主动权掌握在别人手中，自己只有遵守规则的份。

所谓的"押一付三""押一付六"成了租房一族心中的梦魇，很多人因为无力承担高额的租房成本，只得一再降低自己的要求，提心吊胆地窝在群租房里，抑或是为了省一点费用，租住在离工作地几十公里外的郊区，每天上班来回都要倒腾三四个小时甚至更久。

2015 年，"90 后"开始成为住房租赁的主力军。也是在这时，丘运贤进入住房租赁市场，创办了 UONE 优望公寓。UONE 就是"YOU WANT"，即优望就是你想要的。

图 7　UONE 优望公寓丘运贤

优望公寓成立于厦门，彼时，除了北上广深等热门城市，一些经济高速发展的二线城市也陷入了"人才争夺战"之中，武汉、西安、厦门等城市不断优化人才落户政策，吸引应届毕业生和社会优质人才入驻。

穆林教授对此给出相关数据：25% 的年轻人在进入社会的第一年，因为高昂的房租而选择回到老家工作；在工作的第二年，又会有 40% 的年轻人因为同样的原因无奈离开。

住房问题对于人才的去留选择起着至关重要的作用。高昂房价、租金驱赶人才，将降低城市活力，不利于城市的长久发展。如果一个城市无法保障人们基本的住房需求，那么即使这个城市的其他条件再突出，也很难挽留人才。但在一二线城市，高房价是普遍现象，解决人才过渡性居住问题，需大力发展租赁形式。

创业之初，丘运贤与团队一起打造了近 100 套分散式公寓。但半年之后，丘运贤就感到这种模式运营起来并不理想，因为从拿房开始，就要开始无限次的沟通。

要与小区物业沟通，与小区保安沟通，与房屋的楼上、楼下、对门沟通，与小区保洁沟通……每个环节都极尽烦琐，这是丘运贤没有想到的。

高昂的沟通成本打消了丘运贤继续运营分散式公寓的想法，早前的一腔热血在与各种人的沟通中被消磨殆尽。于是丘运贤开始寻找新的突破模式，凭借着对租赁行业的深入洞察，他将探索的目光转向集中式长租公寓。

在以往的案例中，集中式长租公寓多由工厂厂房改造而成。但这种模式暗含着一些潜在风险，即厂房在当时没有明文规定可以用于居住，没有政策和法律支持，虽然利润较高，但风险也极大。

丘运贤十分希望优望能够得到稳健发展，因此没有尝试进行厂房改造，做集中式长租公寓。他选择了另外一种没有人尝试过的道路，开始打造园区配套公寓。

2015年年底，丘运贤找到厦门的第一个园区配套公寓，这个公寓的面积超出了丘运贤的预期范围。通常情况下，集中式公寓的面积为3000平方米，房屋数量为100间左右，可这个公寓竟然有30000平方米，一下子跃升了十倍。

或许这已经不能称之为公寓了，而是一个综合性的社区。对社区的管理不仅仅局限于公寓内部管理，还包括物业管理、商业管理、车位管理等诸多事宜。

这是丘运贤及其团队此前都未曾尝试过的新领域，一口吃成一个"胖子"，究竟是能迅速扩张，还是"消化不良"，彼时丘运贤不得而知。但丘运贤明确知道，优望或许已经不能定位为传统意义上的长租公寓运营商。在不断摸索与探讨后，他确认优望是大型公寓服务商，做大型租赁社区。

2015年还没有租赁社区的概念，丘运贤和他的团队在回溯历史经验时说道："我们洞察到未来的租住生活场景会是租赁社区化和社区智慧化的。基于这两大场景的判断，未来的租房将不再是简单的一张床、一间房，而是全新的租住生活方式——大型公寓社区。大型公寓社区不只是单一阶段的居住空间，是涵盖了租客的租赁生活全生命周期的产品设计，从毕业租住单身公寓到一房一厅、两房，再到家庭型的三房租赁需求更迭都能在一个社区里实现。

另外，大型公寓社区除了全生命周期的产品覆盖，还有全生活场景的生活配套，不仅拥有满足基本生活的配套，幼儿园、运动场、社区图书馆、社区公园等全生活场景的生活配套也将在大型公寓社区中实现。总而言之，租赁社区化是一个非常重要的未来趋势。"

这些对于未来趋势的准确预判帮了大忙。与其他长租公寓相比，丘运贤总结出大型租赁社区的"三多"特点——业态多、产品多、客户多。

在第一次接触大型社区时，丘运贤就明白，过多的业态，要求运营者在规划设计上结合项目的技术指标和租户定位分析，设计出既能真正满足实际使用需求，又能产出收益的产品。同时多元业态的规划分布及所匹配的设施设备，需要考虑与后期运营管理的交互，因此对大型公寓社区的服务的综合能力要求更高。

随之而来的是客户体量的不断增大。与长租公寓不同，大型租赁社区的客户特质大不相同，在一个社区中，客户类型丰富且复杂。针对白领的青年公寓，可以统一设计白领喜欢的风格；针对老年人的老年公寓，也完全从老年人的需求出发。但大型租赁社区中，既有老人、小孩，也有中年人、青年人，这对于大型租赁社区的产品打造来说，是个大问题。

这要求大型租赁社区在项目前期对于客户结构、客户比例、客户需求进行精准判断，才能对前期户型、产品有精准定位。在大型租赁社区的运营中，前期需要足够的数据、经验、系统支撑，否则后续管理将会非常困难。优望从厦门起步，逐渐建立起了一个与众不同的大型公寓服务商体系，几乎所有住房租赁行业从业者在提到优望时，都会惊呼："嚯，那么大的一个租赁社区！"

2016 年　八仙过海，各显神通

迈点网副总裁丁晓宇先生对外发布了《2016 年度住宿业公寓品牌报告白皮书》。报告显示，2016 年中国房产租赁市场租金规模为 1.1 万亿元，2025 年将达到 2.9 万亿元，且从用户搜索情况来看，2016 大众对公寓的关注度持续走高，中国租房市场潜力之巨大显而易见。

从 2016 年开始，越来越多的主体进入住房租赁行业，但这些主体无论是从"内功心法"还是"武功招式"，都大不相同。究竟谁才是最后叱咤风云的决定性人物，谁也不敢夸下海口。

在住房租赁行业，不同企业虽然走的是"殊途同归"的路子，但从哪里出发，也给每个企业添上了不同的色彩。这就好比五湖四海都是中国人，却带有浓厚的地域特色，这些特色刻在每个人骨子里。

由租房租赁企业的发源，可大致将其划分为六个派别——"创业派""中介派""地产派""酒店派""国家队"和"二房东派"。

在各个派系的住房租赁企业竞争对决时，一个能将诸多派系聚集在一起的组织悄然建立，在维护整个住房租赁行业发展秩序上，做出了不小的贡献。

草莽英雄"创业派"

2016年，创业者冯玉光花光了前期投入的5000万元，不得不到处为他的水滴公寓拉投资，团队伙伴正等着他带钱回去，给新开的公寓装修。

此时，他做的水滴公寓实行的是直营加连锁模式，这种模式对总部的品牌价值要求非常高。只有那些知名度高的企业才能够将这一模式玩转。但水滴公寓当时几乎没有任何知名度，却仍然需要不断吸引加盟者进入，不断扩大规模，试图以此反过来提升知名度。

冯玉光的内心是不安的，但他没法停下脚步，已经到了箭在弦上不得不发的地步。于是他每天都抱着PPT去给投资人们"讲故事""谈规划"，很多时候，他还没有讲完，就被投资人招招手叫停了。

他不停地见投资人，然后不停地被拒绝。其实这也十分合理，没有突出亮点，在已然逐渐成为蓝海的住房租赁行业，实在是难以出头。

但在见投资人的过程中，不止一个投资人对他说："你的SaaS不错。"有一个投资人甚至直白地说："你把SaaS剥离出来，我投你。"冯玉光懵了，什么是SaaS？

带着焦虑和疑惑，冯玉光回去查了SaaS。那时候，他根本不懂什么是软件平台。继续做公寓还是将SaaS剥离出来做软件系统？冯玉光咬咬牙，还是决定先活下去再说。

于是，他开始带着团队研究公寓管理系统。那时候，国内很少有类似的研究，他们只能去"啃"英文期刊。在大致弄清这是怎么一回事后，冯玉光开始测试他们的 SaaS 系统，毕竟仅凭概念，真的很难让人心甘情愿地掏钱。

推出新版本 SaaS 系统后，冯玉光发现他们的运营数据开始疯涨，注册数、房源数、合同数、活跃数等互联网运营指标比上个月翻了个番。冯玉光既高兴又紧张，高兴的是这样的数据效果呈现出来，更容易打动投资人；紧张的是一直上升的曲线会不会又重新下跌。

大概半年之后，冯玉光的 SaaS 系统的运营数据一直稳步上升，此时，他才略微感到了一丝心安。很快，他们便得到了君上资本的投资。

就此开始，水滴公寓从所谓的分散式公寓，成了一家真正的互联网公司，改名水滴管家。

无论是出于无奈还是"时势造英雄"，冯玉光终归是换了一种形式，在住房租赁行业中存活了下来。看，"创业派"们总能给这个行业、这个世界带来一些新奇。

水滴管家获得平安集团投资后，P2P 被治理，租金贷被诟病，设计好的盈利模式失效。2018 年，冯玉光被迫再次转战国企大客户市场，历经三年的匍匐前行，打造出了软件、硬件、软装、咨询系列产品，成长为今天的小水滴科技。

冯玉光的前辈们，在 2016 年，也纷纷有了更加亮眼的成绩：国内首家女性公寓——包租婆公寓得到了 A 轮融资数千万元；6 月，YOU+ 国际青年社区原 CEO 刘昕卸任，新任主帅换为原中粮置地集团战略部总经理郁琲，开始了新一轮改弦更张；10 月，优客逸家获得华瑞银行数亿元创投贷……

魔方公寓更是其中的佼佼者。2016 年 1 月，魔方在北京宣布第 100 家店开业，成为彼时首个在全国实现百店规模的集中式品牌公寓；4 月完成了 C 轮融资，得到了近三亿美元；年底，开始筹备"魔方公寓信托受益权资产支持专项计划"，布局资产证券化道路。

图 8 魔方公寓的第一百家店——北京紫竹院店

"创业派"在住房租赁行业中是独树一帜的。他们往往源于对这个行业的热爱、情怀或是憧憬而抛下过去种种，义无反顾地加入。典型的"创业派"企业包括前文提到的YOU+国际青年社区、新派公寓、安歆集团、魔方公寓等。他们的创始人都是从其他行业进入，此前几乎没有任何与此相关的工作经验。

敢于将过往种种自我瓦解，从行业上进行彻底开放、完全变革的事业，是"创业派"们更受关注的重要原因。这些"创业派"们带有一股强烈的"江湖草莽气"，当然这并非贬义，而是指这些"创业派"们非常敢拼、敢闯，带着一股"傻傻"的冲劲儿，就像《士兵突击》里的新兵许三多。

这股"江湖草莽气"，会让这群"创业派"们少了一些传统大型企业存在的"层级多""拖延"等毛病，而是想到什么，就能马上实施，执行力一流。虽然在这个过程中，失败在所难免，但"创业派"们却能很快站起来，找寻新的出路，就像冯玉光一样。

事实上，住房租赁行业算得上是所有行业中创业成功率最高的一个。无论是传统企业如餐饮企业，还是新兴企业如互联网科技企业，创业成功须得集"天时""地利""人和"为一身，许多看起来势头迅猛的企业，突然就"中道崩殂"几乎是一种常态，很多行业更是十不存一。

但目前为止，住房租赁行业的创业企业破产倒闭或是被人收购的极少，大约99%的住房租赁创业企业都"活"着，有的还"活"得相当滋润。比起许多天马行空的"概念"型创业者，拿到了以亿为单位的投资，最终却破产倒闭的，比如彼时最为盛行的"共享单车""共享电动车"等，住房租赁行业的"创业派"们，以其顽强的生命力和执着的"实干家"精神，将住房租赁行业推到了前排。

于是，更多派别们纷纷踏入住房租赁行业，这个此前看起来不怎么引人注目的行业，一时间竟成了"风口"。

即便这个"住房租赁"的风口看似倏忽而至，它也绝非是空降的机遇。万丈高楼平地起，"风口"之下是数以万计的"创业派"用自己的行动与坚持夯实的地基，是他们长久以来不离不弃的托举，才最终在此刻让"住房租赁"成了值得更多人进入与投资的"风口"。

这些"草莽英雄"，将"大智若愚"这个词汇解释得十分透彻，他们无疑是住房租赁行业永远的"开路先锋"。

名门之后"中介派"

2016 年 5 月，链家旗下 O2O 长租公寓品牌自如宣布独立，这是出身链家"名门"之后，成为专注于住房租赁领域的"中介派"代表。

6 月 2 日，在北京 751 第一车间，自如的新品发布会如约而至。此次新品是自如友家 4.0 全新升级版本，以 2016 年 PANTONE 流行色为基础，打造全新木棉、米苏、拿铁、布丁四种风格。

在这次发布会上，自如着重强调了其"整租"和"自如信用"的概念。

自如信用是自如为租客量身打造的信用系统，从"身份信息""履约能力""租住行为""第三方信用"等维度来评定自如客的租住生活信用。通过全方位信用评定，决定租客是否能够入住。这个信用系统虽仍在持续优化，但已能够时刻提醒租客在居住时遵守规则。这对自如打造一个更加阳光、安全和自如的社区非常有利。

"中介派"的另一大代表世联红璞，是 2015 年从上市公司房地产综合服务提供商世联行旗下中脱离出来的子公司。

截至 2016 年年底，世联红璞已经布局全国 25 个城市，签约项目超过 150 个，在运营项目超过 100 个。短短一年时间，世联红璞就实现了从 0 到 1，甚至到 100 的重大突破。

这与其"中介派"的身份相连甚密，世联行早早在全国布局，拥有极大的辐射范围及优质的 B 端服务能力，与各级政府、国有租赁平台公司、资源型企业、品牌开发商、村集体以及广大业主之间，形成了广泛的合作，在房源供给上优势明显。

世联红璞的掌门人甘伟，对于住房租赁市场有着深刻认识，且对这个行业感情深厚。

甘伟认为，未来"新一线"城市将是长租公寓发展的主战场。一是城市因素，一线核心城市的房价持续上涨，甚至远超经济增速，这令越来越多的年轻人看不到在大城市"落地生根"的希望，会逐渐转向房价更为便宜的主流二线省会城市；二是政策因素，一线核心城市对于长租公寓的诸多政策是制约的，大部分长租公寓企业在一线城市运行时，会经历严格的管控，拿房也更加困难，供应难以持续跟上。

基于上述理解，世联红璞开始扩大在二线城市的布局，且针对"90 后""95 后"和"00 后"等租房新生代，提出更适合他们的生活居住品牌理念。抛开居住空间，年轻人更渴望社交、娱乐等衍生功能，所以世联红璞也以社交等作为切入点，来吸引年轻租客。

世联红璞以长租公寓为契机，打造了涵盖餐饮、购物、美容、健身等多种商业形态于一体的综合性商业体，让租客以居住为基础，感受全方位的生活服务。

自如友家和世联红璞只是住房租赁行业诸多"中介派"的缩影。"中介派"是一个十分值得探讨的派系，他们从原有的房屋中介公司孵化而来，却让整个住房租赁市场更加清朗。住房租赁行业的"中介派"与传统的房屋中介之间的区别，是企业主营业务发生改变后造成的。传统的房屋中介，主营业务为单纯的房屋托管业务，而"中介派"的主营业务是将原本的住房进行统一装修后长期包租，并长期进行统一管理，两者之间差异明显。

以更为简单通俗的话语来说，就是传统的周旋在房东与租客之间的中介，现在开始代表房东为租客提供从始至终的服务。

房屋中介公司在住房租赁行业中起到了至关重要的作用，住房租赁企业从本质上来说都算得上是"中介"。如果说更为专业的住房租赁企业是租客消费升级后的产物，那么房屋中介公司就是这些住房租赁企业的母体，他们血脉相承、同气连枝。

"中介派"拥有强大的门店优势，历史悠长、底蕴深厚，像绵延了数百年的名门宗族。在住房租赁行业，"中介派"以其长期积累起来的人脉、渠道等资源，享受了在"拿房"和"出房"这两个重要业务线上的绝佳优势。

"中介派"的从业人员往往以十倍的人数多于其他门派，尽管这些人员质量良莠不齐，普遍学历不高，但这却促成了"中介派"在员工管理上的优势。他们继承了"中介公司"对员工频繁地培训和管理传统，在激励员工"干业绩"上别具风格，这也正是"中介派"能够迅速崛起的重要原因之一。

"中介派"住房租赁企业，常常采用"强激励"式的管理方式，以更高的薪酬福利来激励员工，有时一个"中介派"企业中的基层客户经理，都能拿到远超其他企业管理岗位的薪酬福利。在"中介派"住房租赁企业，业绩和结果是最大的导向。

但"中介派"的内部分化十分严重。新兴的住房租赁企业与原有的母体房屋中介公司，既是相互学习、相互促进的关系，又需要不停的竞争和比较。在促进行业发展和赢得更多利润之间，也存在不小的冲突和摩擦。这些都是"中介派"从内而外散发的矛盾，自其诞生以来就一直存在且将长期存在。如何调和与平衡，是每个"中介派"都应当深思的问题。

实力强劲"地产派"

2016 年 6 月 3 日下午，《国务院办公厅关于加快培育和发展住房租赁市场的若干意见》正式对外公布，出台了一系列鼓励和规范住房租赁行业的政策，包括"允许改建房屋用于租赁。允许将商业用房等按规定改建为租赁住房，土地用途调整为居住用地"等政策。

这一意见出台后，整个社会产生了空前热烈的讨论，商业用房能够改建为租赁住房，对于住房租赁行业而言，房源就得到了非常大的扩充。在这个政策的导向下，住房租赁市场蓬勃兴起，众多房地产开发商开始迈入住房租赁行业。

很快，实力雄厚的房地产企业万科，推出了长租公寓"泊寓"。9月，泊寓以每月每平方米 69 元的价格租下了深圳宝安福永福海工业园 B3 区 3 号楼，用于青年公寓的改造和运营。

但令人匪夷所思的是该楼的挂牌价格仅为每月每平方米 23 元，万科拿到的价格溢价率高达 200%。以最优条件估算，泊寓至少每间房要以 3265 元的月租租出才不会亏本，这还是不考虑管理成本和房屋空置率的情况。

泊寓如何盈利成为当下住房租赁行业讨论最多的话题之一。对于房地产巨头来说，此举可能不仅仅是想依靠该公寓盈利，更多的可能是向中小住房租赁企业施压，以抬高拿房价格的方式，加速整个行业的洗牌。

事实上，早在 2008 年，万科集团董事长王石就提出了"对于那些事业没有最后定型，还有抱负、有理想的年轻人来说，40 岁之前租房为好"的超前概念，当政策、环境等条件愈发满足住房租赁企业发展时，万科迅速进入这一庞大市场。

泊寓，意为停泊之所。万科希望打造一个能让更多年轻人栖身的场所。

方乐是长春泊寓业务的负责人，2016 年初冬，长春泊寓正在装修施工中，连门窗都还没有安装，只有楼体框架和一支施工队伍。在施工未完成之前，万科的泊寓在市场上几乎没有竞争力。在远离北上广深的长春，年轻人们甚至对长租公寓是什么都不知道。为了泊寓顺利完成住房出租，方乐经常抽时间带着员工去街上发传单，进校园开宣讲会，联系各个企业的 HR，甚至打入长春各大交友聊天群宣传。

为了更好地展示泊寓的理念，方乐和员工们在门店周围的咖啡馆给客户展示效果图，耐心地讲解泊寓的内部环境。施工完成后，他们第一时间搭建了临时示范区，邀请客户参观……

在这一系列的努力之下，长春泊寓顺利开张。很快，泊寓内部就呈现出这样一幅景象：厨房里小情侣们在一起煮饭做菜，跑步机上小伙正在挥汗，书吧里姑娘摊开书本，大厅里一群小伙伴围在一起玩桌游……

万科周刊对长春泊寓的租客进行了采访，租客反响热烈，纷纷说明了自己为什么选择泊寓。

陈先生，沈阳人，1992 年生，月租金 1455 元，他是这样说的："最初住泊寓只是因为环境好、离上班地方近。住进来就喜欢上泊寓了，里面住的都是年轻人，在这里交到了很多朋友，平时可以约着吃吃饭、打打牌。管家也很 nice，还会不定期举办一些小活动，大家在一起说说笑笑，比一个人租房子生活质量更高。"

李女士，1994 年生，毕业后就住进泊寓。她从女生的角度出发谈了自己的想法："作为女生来讲，安全是最重要的，人脸识别门禁、监控都很好，楼下的管家有种大学宿舍'宿管阿姨'的感觉，住在泊寓很安心。老爸跟我说，啥时候嫁出去，啥时候离开泊寓！"

为了让泊寓的扩张更加顺利，泊寓设计了轻资产和重资产两种模式，前者是指泊寓与项目持有方或经营方签订长期的房屋租赁合同，通常期限为 15年，泊寓对房屋进行装修、运营和管理；后者是指泊寓通过购买的方式获得房租物业产权或去久使用权，同时负责装修、运营和管理。

泊寓的出现，是万科试图在住宅和商用房产之外寻找新的业务增长点，也是眼下房地产企业进军住房租赁行业的一个缩影。在住房租赁市场最为发达的北上广深，房地产企业正忙着攻城略地、安营扎寨。

"地产派"是指进入住房租赁领域的房地产开发商，如碧桂园、万科、保利等，这些开发商原本是进行住房开发销售的。住房租赁行业与其密不可分，开发商们造房子，才有房子可以出租。

为何越来越多的房地产开发商进入租房领域，前文中对这一原因也有提及。

从 2014 年开始，我国开始实施"二孩政策"，全面放宽对生育的限制，鼓励和提倡"生二胎"，当年新增人口 1687 万人；2015 年政策持续，10 月全面实施"二孩政策"，全年出生人口为 1655 万人，不增反降；2016 年全年出生人口 1786 万人，比 2015 年只增加了 131 万人。

尽管国家开始干预，但我国的生育率持续降低，已经成了不可逆转的过程。这种状况下，我国人口红利正逐步消失。此外，国家对房地产业的开始严格管控，我国的房地产业已经无法再无限制地"增量开发"，只能逐步向"存量运营"过渡。

若是不断按照 2016 年的速度新建住房，很快我国住房数量就会远超于人口总量。我国居民购房杠杆将彻底失去平衡。

在"存量运营"上取得优势，便要着力于住房租赁。"地产派"与其他两个门派相比，显得"财大气粗"。以房屋买卖积累下来的财力、物力、人力以及经验，为其进军住房租赁行业提供了更顺畅的道路。同时，原本积累下来的品牌名气，也吸引了更多租客。

"地产派"几乎站在行业的最前沿，能够通过空气中的微弱气味，判断市场发展趋势。以当下的时代背景，"地产派"们依靠建房、卖房，赚一把就走的思路显然行不通了。他们进入住房租赁领域，绝非不知深浅的插科打诨，而是深谋远虑的长远布局。

后起之秀"酒店派"

随着住房租赁市场的打开，"酒店派"也开始跃跃欲试。铂涛集团旗下的住房租赁企业窝趣，于 2015 年 4 月正式对外发布，率先在中国全面开启品牌公寓轻资产运营道路，并推出集舒适生活和趣味社交于一体的"窝趣轻社区"。

在整个住房租赁行业中，窝趣是非常特殊的。创始人兼 CEO 刘辉在创立之初，就选择了以轻资产模式切入长租公寓市场。随着供需关系变化，行业竞争不断加剧，住房租赁市场将由卖方市场逐步进入买方市场，资管逐渐分离，物业需要更专业化的机构进行品牌经营管理。这样的发展态势，将为轻资产管理模式的发展提供红利。此外，对比重资产及中资产模式，不在项目上投入资金的轻资产模式虽然前期起步比较慢，但是将走得更为稳健，且前期做好一系列的准备工作后，后面的发展将越来越快，顺利实现规模经济。

刘辉本身就是一个充满"传奇"色彩的人物。2000 年初，还在武汉大学就读双学位的他就开始了第一次创业，这次创业虽然以失败告终，却激发了他的无限潜力。2006 年，刘辉带领 7 天酒店，历经艰苦在华东市场打开了局面，随后，刘辉成为铂涛集团的中端酒店副总裁。

但他从未想过止步于此，骨子里的不安分基因催促着他前行。于是他入局住房租赁行业，结合多年对消费者研究的经验，打造长租公寓。

窝趣的核心优势不仅是"拿房""出房"，更在于线上线下运营能力。窝趣独创的"全链条运营管理体系"，是窝趣融合铂涛集团和 58 集团赋能及窝趣自身在公寓行业的领先优势，而设计出的一站式公寓运营管理体系。窝趣不进行收购、不做物业，以轻资产模式帮助加盟商和合作伙伴做好运营服务，公寓项目的所有权归投资方。

窝趣团队之所以选择连锁加盟模式，一方面是为了让窝趣实现快速发展，方便更多人体验革命性的租房产品；另一方面是考虑到住房租赁行业的热度，希望更多想要加入但不知道怎么专业化运营的投资人可以安心地参与进来。

刘辉曾在一次专访中对这一模式进行了评价："公寓运营本身是一个非常长尾的事情，有很多事情是投资方不敢轻易涉足的。因此，窝趣会借助经验丰富的运营团队、IT 系统以及一整套合作加盟体系，帮助加盟商进行运营管理，它们自身则通过租金差、部分高价值且收费的增值服务来获利。"

颠覆了传统租房模式的窝趣将"以人为中心的生活服务模式"重新拉回了租房市场，为了能顺利实现这一理念，刘辉不仅致力于输出适应"90 后""95 后"需求的生活方式，还开创性地参考铂涛集团注重消费者感受、打造品牌核心价值的加盟连锁模式，为窝趣量身打造了专属的加盟模式。这一模式在保证窝趣保留可快速复制之"轻"的同时，还能体现品牌独特性之"重"，在住房租赁行业无疑是颠覆性的挑战。

该模式刚一出炉，便遭受了大量的质疑，大家看到了刘辉对住房租赁行业大洗牌的野心，却并不看好他的信心。

但窝趣团队却一步步在为刘辉的信心买单，短短的时间内，团队陆续设计出了"自由工业""格调北欧""品味马卡龙"等多种风格的时尚装修主题，在风格之外，窝趣还会搭配当下流行的 Loft、榻榻米等大受年轻人欢迎的房型，作出相应的融合设计。

在逐步收获成功与认可之后，市场上曾经的质疑之风不知何时变为了模仿之风，面对那些亦步亦趋，刘辉并不为之感到焦虑，他笃定，窝趣模式是独一无二的。

刘辉的笃定不无道理，在整个"暖窝"的打造过程中，铂涛为其助力良多。作为一个成熟的酒店企业，铂涛拥有早已完成各种试错的成熟采购链，它可以迅速为窝趣匹配合适的硬件设施供应方，让窝趣实现"零风险"为住客打造高品质住所——譬如与雅兰床垫、左右坐客沙发等品牌合作。在窝趣，住客不仅能看到 2.5 米的落地大窗，还能享受诸多高品质五星级家具，谁能不为之倾心呢？

对品质的把控，窝趣是认真的。单单一个床垫，窝趣便在半年时间对规格、面料、制作工艺等每一个细节提出了多次修改，前后共计完成了七次打样，以至于雅兰床垫酒店项目的管理总监 Tina 都不由笑道："窝趣的团队一定都是处女座。"

秉持着"处女座"式对完美的追求，窝趣同时在轻社区中大胆创新了当下最热的"互联网＋"玩法，除常见的线上付款、无纸化签约、房门控制等智能化设施外，还推出了无人监管的全自助式便利店等创新功能。

"这个社区不是属于窝趣的，而是'窝友'们的。他们借助我们的平台认识，相互分享，相互交换资源。一群对生活不将就、追求生活乐趣的人在一起'享趣'。"这是刘辉的初心，也是刘辉的野心，他不希望窝趣仅仅只是为住客提供一个休憩之地，而是希望窝趣能代表"我·享·趣"的新兴价值主张——这种主张，正是窝趣在经历多次调研之后，对住客群体精准把控的画像。

窝趣面向的是都市中崇尚"新享乐主义"的"90 后"与"95 后"，他们乐于活在当下，追求享受更好的生活品质，拒绝禁锢，拒绝枯燥无趣的生活态度。这群人偏好简约不失格调的生活方式，以发自内心的快乐为生活目标，在他们的挑剔目光中，辜负生活是最不屑的选择。因此，只有饱含情怀的产品才能真正打动他们。

"而窝趣正是新享乐生活方式的演绎，在这里你总能遇到你意料之外的人和事。"刘辉说，"生活本不该将就和无趣。在窝趣，每一个'窝友'个性化的诉求将得到满足，舒适的'窝'让生活富有质感，丰富的'趣'让人再也不会为闲暇时光发愁，随时能与来自各行各业精英们分享趣味。"

窝趣能做出这样的选择，成为住房租赁行业难以复制的存在，固然得益于它独特的加盟模式。而铂涛能为窝趣提供的也远不止这些，以前文所述的"专业硬件"为例，铂涛不仅能在相关内容的供应链上展现优势，在价格的谈判上也能成为窝趣的底气，助力窝趣以低价拿到高质产品。

与此同时，作为一家专注体验消费领域的企业，铂涛目前已有一亿的有效会员量，且铂涛的会员相比同类组织会员具有更年轻、更注重品牌的特性。而铂涛长期与都市白领精英的深入接触，也让它对这一部分人群的需求与喜好有了非常深刻的认识，这让窝趣可以轻松找准自己的理念定位，为这一群体开发出配适、舒心的产品。此外，铂涛强大的 IT 运营系统在长达十年间的运营发展中，早已总结出了完善的酒店运营系统，只需结合租赁住房的特点进行改善便能即刻被窝趣应用。这套运营系统无论是从采购、销售而言，还是从客户管理、财务来看，都是分外完整、专业且难以复制的体系。

诸如此类运营模式中处处得以显现的"量身定制"，在为窝趣住客带来高品质服务的同时，也让"我·享·趣"得到了最深刻生动的诠释。

这是"酒店派"在住房租赁行业作出的新的尝试。"酒店派"从酒店行业改作住房租赁，应该是服务行业的"降维打击"，他们擅长将一件事做到极致。

"酒店派"打造的住房租赁企业，在某种程度上可以视为其酒店住宿业务的延伸，"酒店派"在研发及产品打造、住宿服务、员工配置、销售能力、物业承租能力和供应链等各方面都具有先天优势。

尤其是在最重要的"住宿服务"板块，几乎没有人比"酒店派"更为精通。他们只需将原本用在酒店管理上的标准，复制到住房租赁上来，再针对不同的客户属性进行一些针对性调整，便能很快获得良好口碑。

"酒店派"因此迅速打开局面，占据了部分江山。著名的酒店集团如家，也早早于 2015 年推出独立的全资品牌逗号公寓，和红杉资本、易居中国联手进入长租市场；华住集团的城家公寓也开始崭露头角，其推出的"随心住"产品，满足了租客对于短租和长租随时切换的需求，饱受好评。

中坚力量"国家队"

或许许多人都已注意到，地方国企在公开的土地拍卖市场上频频出现，热门地块与高价地几乎都被其收入囊中。这一现象的出现，正是因为国家已开始大力扶持并规范住房租赁市场，而"国家队"正乘着这股东风大刀阔斧地挺进住房租赁行业。

在国家对住房租赁市场的扶持中，2016 年 6 月，国务院出台《关于加快培育和发展住房租赁市场的若干意见》，旨在通过发行债券等方式帮助企业进行融资，以达到促进住房租赁行业发展的目的。

而"国家队"们，一方面能享受到政策的倾斜，另一方面亦受惠于中央财政所给予的资金支持，无论是自身能获取土地的质量，还是可用于购买土地的资金，都远胜于众多民企——投资拿地的脚步快、底气足，是国企最大的先天性优势。

最重要的是，国企的住房租赁项目偏向重资产、长周期的运营模式，相比市场上其余已成气候的住房租赁企业，国企明显更能从供给端推动整个市场的优质发展，是可以作为住房租赁市场之"压舱石""稳定器"而存在的企业。与此同时，住房租赁市场的主流态度，将会逐步向重住房质量、重租客权益的产品与服务靠拢。

住房租赁行业最亟待解决的问题便是专业人才的缺失。任何项目的开发都依赖于该领域的高精尖人才，国企在住房租赁行业即便坐拥高竞争力的政策倾斜与资源倾斜，可也难以应对人才缺失的根本问题。更何况因为国企内部制度上的限制性——譬如冗长的决策程序，低敏感度的市场感应力等——国企本就难以面向已完全市场化的住房租赁行业进行精细化运营。

在住房租赁市场，需求量最大的行业人才主要来自于多类高薪行业，譬如金融、互联网、地产等，而国企对于这一批常年在高薪岗位奋斗的人来说，不仅薪酬固化，与市场有差距，更重要的是不健全的激励机制与单一的奖励手段实在难以对人才形成吸引力。

对于本就没有成熟的精细化管理运营团队的国企而言，人才的引进与留存，成了其进军住房租赁市场最大的难题。

目前国企所经营的租赁项目绝大部分其实是对现有存量却又不好变现的自有物业进行改造，这原本是个予民惠利的举措。但在我国租赁扶持政策与配套尚未完善的境遇下，国企实在难以达到国资委的考核要求，加上经验与人才的双重缺失，很难继续大规模推动项目，此时，前期大规模投入的成本无疑近乎于压在国企头上的稻草。

为何即便是"国家队"，也无法避免背负压力颇大的"稻草"呢？

实际上，站在市场开发的角度而言，住房租赁市场长期以来都面临着前期投入巨大、回报周期漫长且利润回报率低的老难题。对于住房租赁行业来说，这三重压力造成的是极为紧张的资金链，尤其是在没有对口金融产品支持的条件下，前期在持有物业的基础成本、管理成本、装修成本等方面的巨大支出，即便是融资能力非常强大的国企也会倍感压力。再加上政府面向这一不成熟行业的配套政策尚不明确，税收减免政策尚未落实，赋税压力也是其沉重的一环。

然而，即便困难重重，压力层层，国企进入住房租赁行业仍然是意义颇丰的事情。众所周知，在我国，国企往往承载着"每逢国家有重大改革举措必先行"的重要责任，在国家已经将住房租赁行业的发展视作国家级的重要战略任务时，这一行业内的国企自然是在前列扛大旗的队伍。具体而言，国企的加入一方面能促进市场的健康发展，稳定市场发展趋势；另一方面可以帮助监管部门通过国企平台对市场进行有效调控，并为监管部门提供政策意图的传递通道，实现有效的双向信息互通。

在住房租赁行业被资本退潮之势与乱象整顿之风大洗牌之后，"国家队"的入局，将会化往日的被动为主动，有效树立行业标杆，在促进市场良性竞争的同时为行业的可持续发展添砖加瓦。

散兵游勇 "二房东派"

在大型企业互相 "厮杀" 的过程中，一些中小二房东依靠着大企业 "牙缝中" 留下的 "碎肉" 生存着。这些没有品牌，甚至没有企业的 "中小二" 房东们，如同灵活的泥鳅，在租客之间迅速游走。

这些 "中小二" 房东，虽然没有集聚起来形成规模化管理，但这么多年以来，也建立了属于自己的一套标准，并被租客广泛接纳。他们是市场中最为活跃和积极的一分子，是即便在大型企业阴影中也能靠自己发光的存在。

虽然其他派系看起来更具规模，但实际上前文中提到的五个派系在市场中所占的份额仅为 10%，剩下的 90% 都被 "中小二" 房东们 "承包" 了。

形成这一局面的原因有很多，主要原因是一方面其他五个派系即使再怎么发展，也不可能形成一家独大的局面；另一方面其他五个派系更多集中在住房租赁市场比较发达的一二线城市，但在更为广阔的其他城市，人们对于房屋租赁需求也不容小觑。

二房东将在这个行业中长期存在，不会消失，只是在更具规模的其他 "派系" 的住房租赁企业面前，显得 "不值一提"。

二房东们与其他 "派系" 的住房租赁企业，存在基因上的区别。大型企业的基因是标准化、规模化、专业化和规范化，但二房东们追求的是 "租金差"。"租金差" 通常被控制在一定范围内，由市场决定。"租金差" 有天花板，且市场规模是一定的，如果二房东们希望获得更大的利益，只能从房东降低租金入手。

这些二房东们拿到的房屋，通常是碎片化的，他们在当地的各个小区中游走，获得第一手房源。在当地市场中，二房东们与房东相处甚好，房东出于 "省事" 的心理，将手上的房产低价交由二房东们代为出租，而二房东也会加深与房东的关系，以长期的人情维系获得利益。

这也正是二房东无法被市场淘汰的重要原因，他们能够利用一些自身优势，获取更多资源。

但随着时代变迁，二房东群体内部存在的缺点逐步被扩散、放大：部分二房东服务意识差，遇到事情只会消极推诿，甚至有些二房东昧着良心到处骗钱。小部分人的行为，偏偏为整个群体裹上了有口难辩的"冤屈"，"二房东"这三个字就这样被无情地打上"黑心""不负责"等标签，又背负着这样沉重的偏见走过了许多年。

在行业不够规范、监管不能落实到位的年代，关于二房东的负面案例层出不穷。但随着时代的发展以及住房租赁行业的进步，那些不能与时俱进，不断"独善其身"的二房东们，早早地倒在了时代洪流之中。

一方面，逐渐扩大的住房租赁行业，在走向更加广阔的人群时，以更高的标准裹挟着这些散落的"二房东派"们必须按照行业规范运营；另一方面接受过更高标准住房租赁服务的人群，已经很难再去适应较低层次的服务。

"物竞天择，适者生存"，这是时代带给"二房东派"的考验。

中国第一家住房租赁行业协会

2016 年 9 月 18 日，对于 52 团租公寓创始人徐再军来说，是一个无比重要的日子。因为广东省民政厅社会组织管理局批复了他关于成立"广东省公寓管理协会"的申请，广东省公寓管理协会获得了官方认证。为了这一天，徐再军已经等了整整一年零两个月，此刻终于尘埃落定，中国第一家房地产租赁行业协会横空出世。

10 月 19 日，广东省公寓管理协会举办了"长短租公寓管理与金融发展论坛暨广东省公寓管理协会成立大会"，正式宣布广东省公寓管理协会成立。

YOU+ 国际青年社区联合创始人刘昕出任会长，52 团租创始人徐再军出任秘书长，YOU+ 国际青年社区、BIG+ 碧家国际社区、心中公寓、魔方公寓、安歆集团、万科泊寓、窝趣公寓、世联红璞等诸多住房租赁企业加入其中，超过 300 家住房租赁企业参加此次会议。

广东省住房和城乡建设厅黄祖瑛处长对于协会成立提出了一些期望，包括发挥好联结政府和企业的纽带、桥梁作用，为广大会员企业提供高效、优质的服务，加强行业自律等。

图9 广东省公寓管理协会成立

为什么是广东？在北京、上海等更为发达的直辖市，为何没有开创出第一个住房租赁行业协会呢？

徐再军对此发表了自己的看法："广东省的租赁意识自古有之，'包租婆''包租公'的形象深入人心，这种租赁文化扎根于广东省的文化基因。"

的确，广东作为沿海重要省份，人口净流入量极高，有着庞大的租赁需求。以广州为例，广州有130多个自然村，包含将近30万至40万栋城中村的个人物业，这些都是促进租赁行业发展的土壤。

养分充足的土壤，促进了广东省住房租赁行业的蓬勃发展，行业发展到一定规模，自然会萌生出促使行业更加规范、健康发展的想法。但广东省公寓管理协会的成立并非一帆风顺，而是一波三折。

随着人们生活水平的提高，对居住的要求也相对提升，适逢房地产历史改革，响应习近平总书记"房子是用来住的，不是用来炒的"的号召，房屋市场由买卖走向了租赁。越来越多的资源、资金、个体、机构进入，租赁行业成了新时代的巨大风头及风向标。但由于缺乏先例参考和相对应的法律法规维护，住房租赁行业尚未形成成熟的行业规范标准。

除此之外，住房租赁企业还要与业主"斗智斗勇"。例如，住房租赁企业花费5000元从业主手中租下一套空房，将房屋进行装修，配上全套电器和其他生活设施，分租给租客，租金为每月7000元。当业主知晓这件事后，就会感到内心不平衡，觉得自己"亏了"，便想反悔。其反悔的方式通常是给住房租赁企业两个选择：一是直接解除合同，且不承担企业已投入的装修费用；二是上涨租金，要求企业每月支付 6000 元给他。如果住房租赁企业不按照业主的要求去做，业主便不断制造麻烦，影响租房租赁业务的正常开展。

"一定要用整个行业的力量来改变这种不合理的现状"，徐再军在多次经历这些状况后暗暗下定决心。

2015 年 7 月底，徐再军找到了当时中国住房租赁行业的领军人物——YOU+ 国际青年社区的联合创始人刘昕，将内心的想法与他一一细说。刘昕听完，一拍大腿说："太好了，我也正在琢磨怎么才能让租赁行业见光的事呢，咱们正好想到一块去了！"两人一拍即合，马上开始着手成立行业协会。

两人第一时间联系上了租赁行业代表企业的其他领军人物，包括寓米集团创始人张晚华、窝趣公寓创始人刘辉、保利公寓副总经理姚志鹏、碧家国际社区总经理陈显刚、心中公寓创始人吴伟光、四叶草公寓创始人陈烨飞等一起作为协会创会发起成员，自此广东公寓管理协会申请工作正式紧锣密鼓地筹备起来了。

但协会的筹建并不顺利，按照社会组织管理局的要求，成立协会必须要有政府相关职能部门作为主管指导单位，当他们找到广东省住房和城乡建设厅时，却被告知政府主管部门在职或离退休人员不得在商、协会挂职，这让筹建工作一度陷入停滞状态。

但徐再军等人没有想过放弃，他们一遍遍、一趟趟地进行报告申请、情况说明、沟通协调等工作。同时，随着国家对于住房租赁行业的高度重视，住建厅领导开始逐渐认识到成立协会的意义和价值，协会终于获得了两个单位的最终核准。

但在协会批复过程中，又出现了新的问题。住房租赁行业在原有的国民经济分类中无法找到，只能归于房地产业，否则不予核准。对此，协会八大创会人均不认可。

好在国务院 85 号文《关于加快发展生活性服务业促进消费结构升级的指导意见》中，特别提到了将住房租赁行业定位为生活服务类，这一问题才最终得到解决。

2016 年 12 月，中央经济工作会议首次提出："房子是用来住的、不是用来炒的。"会议称，要加快住房租赁市场立法，加快机构化、规模化租赁企业发展，加强住房市场监管和整顿，规范开发、销售、中介等行为。

此后，"房住不炒"开始成为中国房地产调控的一个主基调，中央层面的多个重大会议中都曾提及"房住不炒"。各类房地产政策的制定，也严格遵循这个思路。

"房住不炒"从战略层面上重新定位了中国房地产业是长效机制建设的应有之义，并将房地产"改善居住条件"的居住属性放在了第一位，让住房真正回归居住这个基本属性。

广东省公寓管理协会的建立恰逢其时，其不仅是行业与政府部门对话的桥梁窗口，而且接受政府相关部门的指导与监督，完成政府下达的任务，包括数据采集、政策研究、方案起草、献言献策、投诉处理等，协助政府更好地了解行业企业的经营情况。此外，还肩负引导消费者理性租房，表彰诚信企业，帮助企业解决资金、人才、供应链等问题，创造宽松、规范市场环境的任务。

协会通过组织行业论坛、同行考察、专业培训等学习交流活动，提升广东省公寓行业的综合竞争力，促进广东省公寓行业快速、健康发展。

在广东省公寓管理协会成立后，其他省市也陆续建立了相应的地域性住房租赁行业管理协会，这是整个住房租赁行业良好、健康发展的信号灯。行业本身能够自治，有序发展，是长久走下去的重要前提。

如今在大型住房租赁企业"夹缝"中生存的"二房东派"们，事实上仍有很大一部分生存空间。市场需求千变万化，并非每个租客都喜欢大型企业打造的租住房。如何把握这小部分群体，满足他们的需求，是"二房东派"们需要不断思索的问题。

租房租赁行业的"五大门派"，犹如希腊神话般的"诸神诞生"，正在不断个性化发展。哪一个门派"武功"更加高强，恐怕谁也不敢打包票。各门各派住房租赁企业的出现，算得上是"住"这一民生领域中的一次重大进化，由此呈现出来的住房租赁领域的"百花齐放"，是住房租赁行业奋力向前的"冲锋号"。

高光

见一叶落而知岁之将暮，睹瓶中之冰而知天下之寒。

——汉·刘安《淮南子·说山训》

2017 年　市场元年

这是一个爆发渴望的年代，如今在住房租赁行业叱咤风云的人物，大多是这一时期脱颖而出的行业佼佼者。"大鹏一日同风起，扶摇直上九万里"，当这个时代呼啸而来时，一切将锐不可当。藤蔓疯长，花枝繁茂，一时绚烂无比。

中国房地产 3.0——租购并举时代

2018 年 1 月，国家统计局晒出了非常抢眼的 2017 年中国经济"成绩单"，在这份彰显中国经济发展成就的"成绩单"中，有两个"初次"尤为瞩目：第一个初次，是 2017 年我国 GDP 增速自 2011 年以来初次呈现上升，同比增长 6.9%，较前一年上升了 0.2 个百分点；第二个初次，是 2017 年我国 GDP 总量初次突破 80 万亿元大关。

对于这样的成绩，国务院参事室特约研讨员姚景源曾表示，这 6.9% 的经济增长，重点并不在于数字的高低，值得瞩目的是这种趋势与数值所表现出的中国经济稳中求进的态势，"中国经济从 2011 年以来上行趋向获得了根本性迁移转变"，这是中国经济进入高品质成长阶段的标志。

而为这一年的中国经济成绩添砖加瓦的多重因素里，住房租赁行业的亮点显然不容小觑。当年 8 月，12 座城市被选为首批住房租赁试点城市，并陆续出台了有关住房租赁改革的新政策，包括但不限于加大公租房建设与供给、推动承租人享受与当地居民同等基本公共服务政策措施、逐步实现租购同权、推出租赁住宅地块拍卖等，而没有被列入试点城市的北京、上海也在自发向"租购并举"的方向迈步，比如上海"N+1"继续合法的举措便是一个强有力的应和。

在 10 月份的十九大会议中，"加快建立多主体供给、多渠道保障、租购并举的住房制度的部署，系统构建面向 2035 年的住房供应"成了党和国家接下来的重点工作之一。由此可见，2017 年中国房地产行业的许多进步的确始终围绕着"租购并举"展开。

过去的楼市常年激励大家买房，并不单单是开发商逐利，而是大环境下的政策优惠往往总是买房才能享受，譬如购房将会享受利率优惠，住房产权与学位的绑定关系等，这些曾经的政策也在"催促"着每个人尽早买房。再加上彼时缺失针对租房租赁市场的完善的法律监管，难以保证承租人的权益。租房，就意味着风险、不安，甚至会让人感觉到自己在被这座城孤立。

租购并举时代的到来，预示着我国传统住房购房观念更迭的必然，自古便在骨子里崇尚"安居乐业"的我们，一直以来都视拥有一套自己的房子为人生的重要节点，仿佛只有这样才能真正地放心生活——买房才能"安居"，这同样也是曾经的社会制度带给人们的现实。可是现在，在租购并举时代翩然而至的当下，我们将不用再执着于尽早买房，租房也同样可以享受一座城的基本公共服务。"安居"，不再是买房人才能享受到的生活。

租购并举真的能推动住房租赁市场扭转人们几乎铭心刻骨的买房观念吗？这一切，其实还是值得期待的。

当政府对住房租赁行业的大力支持发展到一定程度的时候，我国的房地产市场必定会发生根本性的格局重塑。这一脉络可以从德国的经验窥见一二：据德国联邦统计局 2016 年的数据显示，彼时德国的 4000 万个家庭中，住房自有率仅有 45%。也就是说，在德国，租房人数是大于购房人数的，而他们之所以选择租房，并不是出于经济水平的考虑，更多是由于德国拥有较为健全的住房租赁市场，并且法律可以对承租人的权益进行较为系统的保护。如此一来，比自己买房更为方便、划算的租房自然成了更多人的首选。

据此我们也能发现，在我国，租房是否能顺利成为大家更愿意考虑的"安居"方式，其主要还是取决于政策执行效果：能否真正落实租购同权、能否合理平衡并切实保护承租人与出租人的权益……租购并举的顺利发展依靠城市公共服务的供应总量，只有这个总量的"量"达到了，才有可能保证所有参与进来的人都能有所获，当国家已经完成了对"量"的调控，那么该如何细致地将这些"量"合理地规划、分发，自然也不在话下。

而为了让"量"达到最佳的需求，各地政府都付出了较为有效的努力。以广东省为例，早在 2017 年 1 月时，广东省人民政府办公厅便发布了《广东省人民政府办公厅关于加快培育和发展住房租赁市场的实施意见》，将消防、财税等行业扶持性政策落实到具体部门并明确表态：允许将现有住房按照国家和地方的住宅设计规范改造后出租。自此，"隔断房"在广东省终于实现合法化，随后的时间里，相关政策不断完善，7 月时广州市政府办公厅又印发了《广州市加快发展住房租赁市场工作方案》，全力推进广州住房租赁市场发展，租房亦可就近入学，俨然已将租购同权贯彻到底。

面对这样的政策环境，许多成熟的公寓品牌开启了全新的战略模式。未来住房租赁行业将会进入资源整合阶段，因此许多企业或许都会考虑通过并购扩大自己的规模，以保证有效的发展，这是老牌长租公寓运营商魔方面对当前市场做出的判断。因此，魔方在 2017 年的 8 月 9 日宣布完成了对 V 客青年公寓的战略投资，使其成了自己的一员"大将"。对此，V 客青年公寓创始人辜月称，当下市场无序发展的情况太过常见，只有和魔方这样的龙头合作，V 客青年公寓才能真正获得更充分的发展。

不得不说，在后续见证了许多住房租赁企业因为资金链断裂或经营不善等问题无奈退出市场后，接受魔方并购的 V 客青年公寓谁都不能不说它是幸运的——若是像于 2017 年年底在官网宣告"也许今日的离别是为了明日更好的相见"的 Color 公寓一样，就此退出住房租赁市场，那么企业曾经的豪情壮志，又将何处归置。

而长租公寓企业在新政策下探索盈利提升空间的时候，还应该认真探索一下该如何通过金融创新控制成本。"从融资成本来说，类 REITs 的双 SPV 架构成本比较高，要缴纳 25% 的企业所得税，如果是房企为主体，要缴纳土地增值税；如果中介机构成立专门的 REITs 公司，这部分要缴纳企业所得税。总体来说，运营成本也比较高。"这是渤海汇金相关负责人对住房租赁市场当下需面对的问题做出的思考。

所谓 REITs，是一种将房地产证券化的重要手段，它会把流动性较低的非证券形态房地产投资，直接转化为资本市场上证券资产的金融交易过程。具体而言，REITs 其实是一种通过发行收益凭证汇集特定多数投资者的资金，并且由专业投资机构进行相关投资经营管理，保证投资综合收益能按照比例分配给相关投资者的一种信托基金。

在这个过程中，有房地产抵押贷款证券化和房地产项目融资证券化两种手段，国际意义上的 REITs 类似于基金，只有少数属于私募，绝大多数都属于公募，这与我国信托纯属于私募性质有很大的不同。由于 REITs 既可以上市交易流通也可以封闭运行，因此 REITs 更类似于我国的开放式基金与封闭式基金，其主要特点在于，收益的主要来源是租金和房地产升值，大部分收益都将用于发放分红，且 REITs 的长期回报率较高，但对于其是否可以分散投资风险，则各有执言。

可不得不说，这一手段将是推动住房租赁行业发展的优秀助力，渤海汇金相关负责人曾在 2017 年指出，我国当时已发行的都是类 REITs，并没有真正的 REITs，这都是因为我国在 REITs 方面尚未建立明确、专门的法律法规，而那些已有的类 REITs 产品都不过是在现有的法律法规框架内探索整合形成的法律交易结构。只有监管部门尽快出台针对 REITs 的专门性规定，让住房租赁市场中的这一成本控制手段有法可依，才能保证整个市场的有效发展。

与此同时，住房租赁企业还可以寻求与天然拥有拿房优势的房企进行合作，易居中国研究院研究总监严跃进曾说："房企擅长获取房源，运营商则擅长精细化管理，房企主导产品，具体运营则委托给长租公寓运营商，这会成为一种不错的模式。"两相合作下各自取长补短，可以高效实现双赢。

10 月 19 日，2017 年房地产新政与住房租赁趋势发展论坛在广州威斯汀酒店举行。会上，"广州市房地产租赁协会"正式宣告成立。

广州房地产租赁协会是全国第一家市级住房租赁行业协会。广州市房地产租赁协会是继广东省公寓管理协会后，刘昕和徐再军的又一次行业自治尝试。

在过去一年中，广东省公寓管理协会对于广东省住房租赁行业起到了至关重要的作用。在国务院"房子是用来住的""大力发展租赁产业"等政策的引导下，全国各地都开始试图对租赁行业进行更规范的管理以及更有力的扶持，但大多停留在政策层面。

事实上，广州市房地产租赁协会的顺利筹建，与广州市住房和城乡建设局党组书记、局长王宏伟的努力密不可分。在他的大力推进下，广州推出了《广州市人民政府办公厅关于印发广州市加快发展住房租赁市场工作方案的通知》，其中，有一条关于"保障租赁双方权益，支持租赁居住方式"的政策中提出，"赋予符合条件的承租人子女享有就近入学等公共服务权益，保障租购同权"。

这条政策的出台在全国上下引起了极大轰动，是全国各地第一次明确提出租购同权的政策。对于住房租赁行业而言，这个政策无疑是雪中送炭，将原本只有购房才能享受的入学权益赋予了租客，更多人能够通过租房的方式解决子女的上学问题，极大地促进了住房租赁行业的发展。

另外，在该通知的第 16 条中明确指出："充分发挥行业协会作用。指导租赁企业成立广州市房地产租赁协会，引导社会力量参与房屋租赁日常管理。通过房地产中介行业协会、房地产租赁协会制定、完善房屋租赁中介行业执业规范和行为准则，强化行业自律，督促指导中介机构、住房租赁企业及时采集、上报租赁房屋、租住人员等信息。"

这是广州市房地产租赁协会成立的坚实后盾，也是住房租赁行业日益规范化，逐渐走向更大舞台的重要标志。

广东省公寓管理协会作为全国第一家房地产租赁行业协会，大力参与了广东省内"广州租赁住房 16 条"等相关政策的出台。在此过程中，协会提供了大量的素材和依据，将住房租赁企业的诉求和心声，第一时间传递给政府，在政府与企业之间架起了一座有效沟通的桥梁。

这对于促进整个住房租赁行业向上发展具有务实性的意义，也正是广东省公寓管理协会成立的初衷。

此次广州市房地产租赁协会的成立，是广东省公寓管理协会职能的延续和聚焦。

在政策方面，广州市房地产租赁协会积极参与住房租赁新政的出台，如提出"住房租赁的水电费收取性质""给予公寓企业税收优惠政策"等建议，参与了"广州市房屋租赁管理规定"等多个政策文件的意见征求和修改工作；在金融支持方面，协会与中国建设银行广东省分行进行了深度合作，开创了产协融合作新模式，帮助住房租赁企业提供资金支持；在供应链方面，协会与海尔集团达成合作协议，帮助住房租赁企业与海尔一起打造专业的供应链企业；在人才培育方面，协会与中国饭店管理协会合作，拟定人才培训协议，协会还与广东金融学院创立产学研实践基地……

碧桂园就是在这样的背景之下加入的住房租赁行业，碧桂园是"地产派"的代表企业之一。

12月20日，碧桂园正式对外发布自己的住房租赁品牌"BIG＋碧家国际社区"，并启动与30多家单位的战略合作规划，力争在三年内实现拥有100万套长租公寓的额度目标。这一目标是碧桂园给自己定下的挑战，同样也是它对房企踏入住房租赁行业的信心。彼时的碧桂园集团副总裁兼营销中心总经理程光煜曾表示，关于如何打造独属于碧桂园的长租公寓，他们将会在公寓内激活充满生命力与想象力的"BIG+碧家寓乐圈"，由此入手打通上下游产业资源，将市场上的各类优质生活元素进行筛选、整合，并最终完成配套引进，拟在为所有向着梦想打拼的都市青年提供绿色、舒适、安心又智慧的住房租赁产品。

其实在碧桂园启动计划之前，许多房企便已经与住房租赁行业实现了"第一次接触"。据克而瑞[①]发布的数据显示，万科泊寓彼时早已在全国的22个城市收下1600间公寓，龙湖冠寓在2017年年底开业前已预计自己的房间数量将超过1.5万间，旭辉领寓在已于上海、苏州、杭州、南京等地拥有5000间长租公寓后，又为自己定下了两万间房源的年终目标……

实际上，在碧桂园一步步向自己的目标迈进之前，已陆续有20多家百

---

① 克而瑞：克而瑞（中国）是易居中国下属全资子公司，以现代信息技术为依托的房地产咨询以及信息服务为主营业务，是中国最大的房地产信息综合服务商。

强房企在住房租赁行业开启了中长期发展的战略，这些先行者于碧桂园而言是充满挑战的榜样，但并不是对手。毕竟面对如此庞大的住房租赁企业体量，共赢才是所有入局房企不可辩驳的最佳选择，这同样也成为诸如碧桂园一类后来者决策入局的"定心丸"。

深耕一公里

2017 年 8 月，窝趣公寓强势引入 58 集团战略投资 5000 万元，并正式发布"深耕一公里"品牌战略。这一新闻在当时备受瞩目，这是"酒店派"代表窝趣成立两年以来，首度向外界以发布会形式展示自身。

图 10　2017 窝趣品牌战略发布会

何为"深耕一公里"？刘辉对此进行了自己的阐释："当下市场上的大量公寓租房需求，折射出的是人们对租住品质的优质体验需求，但往往消费者在市场上能租到的公寓，只是解决了基础生存需求，无法带来与时代发展相匹配的优质生活方式，从公寓的市场供给到当下消费者的真正需求之间，还隔着'最后一公里'。"

最后一公里即"差了一公里"，许多企业与消费者之间，始终横亘着一道看似不深的沟壑，无法轻易填平，也就很难真正深入消费者内心。窝趣希望打造的，就是将这最后一公里耕透后，与租客们产生真正的连接，成就全新的享乐式生活体验。

刘辉对于"深耕一公里"的品牌战略进行了具体解释，即专注公寓品牌和运营提升，深度挖掘，通过对关键资源的整合，共振发力，实现持续价值和效率的提升。

为此，窝趣特意推出"3+2"战略平台：提供品牌整合营销、运营、IT系统三大管理方案，及金融、房屋销售两大解决方案，一站式解决公寓投资者、运营者难点。

刘辉还补充道，窝趣不仅研究出租率对于运营效率的意义，更通过运用窝趣独有的"会员排队系统"来实现"减少空置率""提升客单价"等一系列精细化管理运营。

会员排队系统是指窝趣依据铂涛集团的会员体系，对会员和潜在客户进行管理，让优质门店接受租客排队。这听起来是一件匪夷所思的事情，长租公寓比起其他分散的出租房间虽然条件更好一些，但市场上的长租公寓明显是供过于求的，为何窝趣的公寓如此抢手？

事实上，窝趣仅用一年时间，经营的75%的门店都实现了95%以上的入住率，刘辉自豪地说道："每年平均租金增幅12%，客户满意度88.99%，开业39天满房，门店平均出租率达95%以上，其中17%的门店出租率达到100%。"

显然，窝趣的品牌营销策略取得了重大效果，以强大的口碑和影响力赢得了市场的青睐。这些闪闪发光的数据背后，是窝趣对于客户满意度的严苛和执着。

刘辉始终认为，长租公寓不是一锤子买卖，租客的入住只是生意的开始。

窝趣在打造公寓时，用三大卖点吸引租客的注意。第一个卖点是"暖窝——重新定义你的居住空间"，这一卖点是针对租客的个性化需求，提供舒适的定制装修；第二个卖点是"趣堂——重新定义你的社交空间"，是指窝趣打造的具有互动趣味社交的大堂，是租客足不出户的社交场；第三个卖点是"趣社区——重新定义你的社交圈子"，是指租客可以通过窝趣线上、线下的社群活动，结识来自五湖四海的朋友。这三个卖点，对于许多租客而言拥有极大的吸引力，也是他们愿意排队等待的重要原因。

另外，窝趣拥有一整套客户投诉机制，租客有任何问题，都能随时得到解决。"对于严重的客户投诉，必须要在 2 小时内让客户满意，否则就认定为一次事故。"在这样严格的管理机制下，租客获得了极佳的居住体验，窝趣自然有口皆碑。

在本次发布会上，铂涛集团首席财务官、董事吴海兵也发来祝贺视频："窝趣秉承了铂涛集团'品牌先行'战略，逐渐建立起品牌的竞争力和影响力，取得了一定的成绩。"他表示："如今，窝趣引入了 58 集团的战略投资，从而获得了酒店＋互联网的战略资源支持，在铂涛、58、窝趣三者的'共振'之下，在窝趣管理团队的带领下，我们相信，窝趣品牌将会爆发出强大的竞争力和战斗力，在未来几年获得长足的发展。"

所见即所得

上文中提到的大型公寓服务商优望，也在 2017 年取得了突破性发展。丘运贤承接了厦门某区政府的人才公寓，对其进行装修和运营管理。

传统的人才居住房屋，存在三大痛点问题。第一个问题是传统人才居住房屋由政府包揽打造，开发建设周期长、投入成本极大；第二个问题是这类房屋基本只能提供居住空间，无法提供其他服务，人才入住没有任何仪式感和荣誉感；第三个问题是传统人才居住房屋属于过渡性产品，租赁时间很难把控。

为了解决这三个问题，丘运贤提出"市场运营，货币化补贴"的人才房运营创新，即政府对优秀人才租房进行补贴。例如，在同一个小区中，房屋租赁的市场价格是 3000 元 / 月，优秀人才可以享受政府补贴 1500 元，其他人没有这种优惠。

这个举措看似无足轻重，实际上能够极大地给予人才一种荣誉感，令其产生与众不同的感觉，感到被重视，降低其流失率。这样一来，无论是政府还是人才，都非常满意。

在此基础上，优望的业务逐步覆盖了大型公寓几大类型，一是大型人才公寓，二是产业园配套公寓，三是村集体用地，四是R4用地①。其主要特点是，从前期拿地到开发建设直到运营，拥有一个非常完整的产业链。在整个产业链条中，需要匹配的开发商、建设商、金融机构、服务商等，优望就在其中扮演了服务商的角色。

其中，将村集体用地开发为长租公寓是目前住房租赁行业最火热的项目之一。优望通过为村集体项目提供前期产品规划、资金解决方案、运营管理等全链条的运作，激发村集体土地更长远的价值与潜能，进一步释放了土地增值空间。

优望秉承着"所见即所得，没有潜规则"的理念，将所有环节公开化、透明化，让客户能够直观地感受到优望的优质服务。简而言之，就是优望展示给客户的，就是后续客户能够享受到的，中间没有任何"水分"。

这得益于优望对智慧化社区的打造。"智慧化家庭""智慧化小区"已经是一些老生常谈的概念，但在个人居家环境中，往往只停留在概念层面，几乎很难落地。

可对于大型租赁社区而言，智能化实现起来相对容易一些。主要表现在以下三点。

第一，大型租赁社区中租客普遍较为年轻，对于智慧型先进科技的接受度和包容度更高，也非常乐意尝试，所以推广开来的难度更小；第二，公寓经营的利润率较低，打造智慧型社区，对于公寓运营方提高管理效率有重要意义；第三，目前物联网②技术发展势头良好，为智慧型社区的打造提供了坚实基础。

因此，优望在不断跟随时代的步伐，逐步对自身进行演化和改进，最终

---

① R4用地：即租赁用地。

② 物联网：是指通过各种信息传感器、射频识别技术、全球定位系统、红外感应器、激光扫描器等各种装置与技术，实时采集任何需要监控、连接、互动的物体或过程，采集其声、光、热、电、力学、化学、生物、位置等各种需要的信息，通过各类可能的网络接入，实现物与物、物与人的泛在连接，实现对物品和过程的智能化感知、识别和管理。物联网是一个基于互联网、传统电信网等的信息承载体，它让所有能够被独立寻址的普通物理对象形成互联互通的网络。

立足于智慧化大型租赁社区，这是市场不断推移和尝试的结果，丘运贤对此深感自豪。

得"痒点"者的未来

2017 年 1 月，上文中提到的"魔方公寓信托受益权资产支持专项计划"设立并在上海证交所挂牌交易，这是中国首单公寓行业资产证券化产品。

住房租赁行业走向资产证券化是一个不可逆转的趋势。浅尝辄止不是住房租赁行业的性格，任何企业发展到最后，迈入金融门槛都是不可避免的。

2017 年 12 月，在这一年进入尾声时，民企首单储架式权益类 REITs——旭辉瓴寓"高和晨曦—中信证券—领昱 1 号资产专项计划"首期发行挂牌仪式在上交所如期举行。

与此同时，新派公寓在深交所率先发行中国首支住房租赁资产类 REITs，也是中国第一支长租公寓权益型类 REITs。王戈宏开创了持有资产从基金收购到功能改造、价值提升，最后用资产证券化模式退出的闭环创新模式，成了住房租赁行业"资产收购＋持有运营＋资产证券化"之标准化样本的"第一人"。

图 11　新派公寓发行中国首支住房租赁资产类 REITs

在一个城市更新的专业论坛上，王戈宏提出的一个新观点引起与会者的兴趣："得'痒点'者得天下。"在展望中国长租公寓的模式时，他说："长租公寓运营企业应该为两类人创造价值，一类是居住消费者，一类是资产持有者。"对于消费者，要打造他们愿意付费的空间产品，这很像做消费品而不是简单的设计装修；对于资产持有人，则更关心谁能帮助他实现物业增值。换句话说，公寓行业的本质其实是"消费品＋金融"的产业，是一个门槛很高的行业，没有品牌定价权以及资产管理能力的企业很难有未来，无论现在规模多大。

事实上，后来"暴雷"的公寓企业都是用了违背商业逻辑的模式"带毒"扩张，先天不足导致其后天"发育不良"。

王戈宏提出新派要做"类酒管＋类资管"的组合模式。新派公寓北京CBD旗舰店实践的"私募基金收购—全新设计改造—高坪效运营管理—资产证券化退出"的闭环经验虽然操作性难，在国内资产价格、资金成本高企的环境下也较难快速规模化，但这种完整闭环的资产价值创造的实践对盘活国内大量的存量资产是一种很有价值的借鉴。

对于什么是企业产品的"痒点"？王戈宏的诠释是："当房子不再成为人们资产的包袱而是一种租住选择时，人们对空间的要求便类似对消费品的要求。"

一个城市单身白领，其实35平方米的居住空间就足够了，空间大了价格高也没有使用意义。但如何在35平方米的空间里做出"厅室卫厨独立，动静干湿分离"便需要专业的产品打造能力，这是一种功力。

新派从第一家店开始就总结出一条居住空间量化的黄金法则：三大三高（大衣柜、大鞋柜、大床，高品质花洒、高品质马桶、高品质洗衣机），把有限的资金投在这六个元素上，让35平方米就有了黏性与最大坪效，相应的资产价值就自然获得提升。当然，公寓资产的升值除了产品特色，还需一套完整的大数据系统来实现量化决策与管理。

有一位公寓的同行这样评价新派公寓："新派虽然规模不大，但在中国的公寓界是个很特别的存在。新派在资产证券化领域的破冰与实践显示了极大的勇气与洞察力，做成了大家敢想却不敢轻易尝试的重资产模式，成为公认的'REITs一哥'。"

谋求成为中国首个公寓资产类 REITs，是新派最坚定的目标，而这个目标，也正是中国住房租赁市场的未来。目前来看，类 REITs 是 REITs 的过渡性尝试，虽然截至 2021 年国家基于风险考虑没有允许 REITs 真正出现，但已经放手让机构交易在类 REITs 模式上试水，公募 REITs 的真正上市并非水中月、镜中花，而是正在未来道路上静静等待众人向其靠拢的路标，待相关税收与公募条件成熟后，公募 REITs 的上市对于住房租赁市场而言必将会是极具意义的时刻。

实际上，REITs 在中国的讨论已经超过十年了，但十年过去，敢于迈出这一步的人却茫茫然不得见。王戈宏认为，做一件事不能等绿灯亮了再去做，"而是在红灯前顽强地探索生存下来，一旦绿灯亮了，就有机会首先冲出去"，新派冲出去了，那么在往后的时日里，新派便将成为这条路上的领导者，带领更多的企业向更好的未来迈进。

旷然志所在

而在住房租赁市场未来道路上做探索者的，还有乐乎公寓。

在 2017 年的住房租赁市场，从国务院和住建部，再到下行的各个机构，所有人都知道现在到了城市中的住房租赁行业需要大力加速的时段，许多房地产机构也开始纷纷尝试新业务，可是每个层面的人，对于这样的一个未来，都还仅仅只有宏观的态度与规划。

彼时的整个市场，实际上仍然处于非常混乱且焦虑的快节奏状态之中，但实际上，这一年，对于许多住房租赁行业的人来说，也是的的确确的发展元年。

乐乎就是在这一阶段完成的自身体系建设与业务突破，在北京开启了第一个租赁业务。不同于现在住房租赁行业拥有各大峰会进行信息互通与问题研讨，那时的住房租赁行业，没有相关协会，没有关注的媒体，甚至也没有主管部门组织研讨，全都靠行业者自发进行相关的探索与启动。

乐乎却自己请来专家与媒体进行探讨，并前后做了许多类似的组织活动积累这一层面的经验。反观现在住房租赁行业频繁的交流，不得不说，乐乎此举十分有远见，而乐乎之所以会有此举，便是其创始人的创业经验沉淀下来的思想。

与其他创始人或"半路出家"或由房地产行业顺势转行的情况不太相同的是，乐乎的创始人罗意，是自北大外国语学院毕业后寻找创业方向时，就误打误撞地进入了住房租赁行业。

在创业的迷茫期，罗意还仅仅是将同院富余的房子承租下来，安排出床位并包装成租赁产品后，再出租给清华考研的学生，后来的一段时间内，即便慢慢规模有小幅度的扩展，主要针对的也都是求学人群。那时罗意甚至没有把这件事认真地看作创业，但也正是这样的偶然机会，让罗意在彼时尚未成型的住房租赁市场扎下了根。

在与合伙人于高校附近做了一阵子二房东之后，罗意开始留意更多的东西，尤其是在 IT 培训学校附近做这件事的时候，他从四个月一换的目标用户群体中意识到，需要对这一部分求学人群做一个细分，才好针对性地为拥有不同特质的租客提供更配适的租赁服务，而不是简单粗暴地大而化之、一概而论。

虽然由于一毕业便懵懵懂懂地踏入住房租赁行业，导致罗意彼时在行业里面年纪偏小，但也正因如此，在坚持下来之后，这一场早早的相遇又成了他后期发展总能看准方向的资本——相比后面看到市场前景、听到政策风声才入局的从业者，他早早地跑在了前面，也看在了前面。

"那个时候觉得租赁的时代是非常好的。"罗意每每回想起当初自己懵懵懂懂坚持下来的那条路，也庆幸于自己纯粹的坚持。

走到 2013 年的时候，罗意和合伙人意识到一直针对单一人群的产品在发展上的局限性太大，很难做大。于是罗意产生了用品牌化、连锁化的思路做租赁市场的想法，资产要合规，产品要有竞争力，这是彼时的罗意为自己的第一个项目划下的"道"，而那时，离乐乎的正式成立还有一年时间。

先做项目再成立公司，这又是一个新奇的现象，可罗意并不在意是否有人也曾这样做过，他当时的全副心思都放在了北京亚运村。这第一个项目就是北京亚运村一个 2400 平方米的公寓，大致有七八十间房，要被包装成租赁产品，罗意和合伙人根据自己的经验与设想，按照类似酒店装配的标准对这七八十间房进行了装配，并且还贴心地配上了面积虽小，但又饱含仪式感的公共空间。

类似的做法，在当时有魔方进行了探索，可罗意彼时并不知道魔方，他的灵感完全来自于对市场需求升级的感知和自己曾有过的一次学习参观。长期浸于行业里的他对于市场需求的感知是有自己独到理解的，而对类似产品的参观学习又使他有了耳目一新的感受。可这类光鲜的产品并没有被做成规模，"我们觉得这样的产品应该是可以去做规模的"，这是罗意的意识给他的提示，抱着这样的心态，罗意精心设计的这一项目产品在 2014 年投入市场。

对于两个大学一毕业便将自己投入一个尚未成熟的行业，又在还未成立公司的时候，便又将所有投入第一个住房租赁产品项目中的人来说，如何设计，如何运作，甚至如何理解产品，如何准确把握客户这种不确定性因子，都需要承受非常大的压力。

在此之前，他们只是一直在做二房东的事情，这次的项目就像是还没备考的学生骤然被拉上了考场，面对着白纸黑字的一道道问题，只能靠经验去一点点回忆探索，甚至一点点地"蒙"。当罗意与合伙人在做完这个项目再去其他住房租赁市场更为发达的城市继续学习时，他们意外且惊喜地发现，自己对户型、客群、管理等各方面的理解，与北京等早早便开始发展的城市是相当接近的。

就这样，罗意迈出了从传统二房东到真正的住房租赁行业的第一步。

这是罗意的能力与幸运为他带来的顺利，可是，并不是每一个人都拥有罗意这样的经历与机遇，并非每一个备考不足的考生走上考场时，都能交上良好的答卷。"其实我觉得在那之前行业内的交流是非常贫乏的，各自的信息只来自于身边的市场。"罗意认为，打破信息壁垒的交流，是住房租赁行业蓬勃发展的必要条件之一。

于是，在那样一个"无组织、少交流"的市场阶段，乐乎虽蹒跚学步，却极显责任担当与组织能力，在这种几乎"摸石头过河"的自发探索中，赢得了一家顶级公司的关注，这个"伯乐"就是复星集团。

在此之前，复星集团做过许多其他领域的投资，尤其是在不动产的运营方面，譬如大健康产业、养老产业等，却又反复碰到过从他们的体系内离职创业的机构，许多共同探索了很长时间的机构最终都会迎来无法继续合作的情况。因此，在他们眼中，对这一类产业的帮助是高风险的，他们便非常不认同包租模式。而代运营这样的轻资产模式，正是他们眼中值得尝试的"慢烧钱"模式。

在看清住房租赁行业的大赛道具有持久的投入价值之后，复星集团便开始在这一行业中筛选中意的对象，而到2017年融资阶段已经有十年经验的罗意手中的乐乎，便成了他们的兴趣对象。

从毕业之后便一心扎根这一行业的主力团队，积极寻求行业信息互通，并坚持四处学习的团队态度，让复星集团大为放心，最终将投资落在了乐乎身上。

复星集团的投资落地为乐乎带来了巨大的变化。在得到资本企业青睐之前，罗意虽有"企业发展需要沟通"的意识，却并没有匹配的资本与能力去实现这一想法，而复星集团的加入，让乐乎有能力"行万里路"去开阔眼界。

回忆起那段齐心前行的时光，罗意不经意感叹："所以，那一年我都好奇是怎么过来的，我都有点记不清楚，恍惚那一年整个公司就好像天天打鸡血也开不完这个会，然后合伙人之间很长时间都见不到面。"

从2017年2月起，罗意与团队便开始了马不停蹄的沟通学习历程，从上海到成都、广州、深圳、南京、苏州、杭州、武汉等近十个城市，乐乎真正意义上地做到了将视野从单一城市放宽到全国去做信息的牵引。尽管这一时期尚无可借鉴的探索之路，在后续的发展中被证明不一定是高效的路子，但是对于创业团队而言，这一经历为乐乎带来了巨大的成长激励。

对于住房租赁行业的未来发展，罗意也提出了自己的看法："无论业内从业者以怎样的方式切入，将是渐进的积累过程，在能力、裹挟资源、服务中后台支撑等方面，会是一个相对较慢的过程。未来，头部企业或是中期进入市场的从业者，都将慢慢回归行业的本质，将回归每一个项目的基础财务模型、每一个房间的产品打磨、每一位客户的满意度，以及完善因前期快速增长而忽视的 IT 能力，能否具有规模化的 IT 水平，进而在服务上加大对客户响应的能力提升。毫无疑问，未来的整个租赁产业是房地产非常重要的战场。行业发展迅猛，市场变幻莫测，以广深的城中村为例，广大的蚂蚁雄兵将大量的农民房带到了类品牌和趋向品质化的发展状态中，在北京、上海、杭州的所有行业的参与主体，都在不断打磨产品，产品更具个性化与调性，配套愈加完善，单体规模也越来越大。"

对于行业发展的清晰认识，帮助罗意在住房租赁行业大展拳脚。

互联网正在重塑住房租赁市场

2017 年，人工智能、无人驾驶等互联网技术取得了突破性的进展。随着住房租赁行业的快速发展，运营环节开始有越来越多的元素加入，而在这些要素中，表现最为突出的也是科技互联网。

在 2017 年年底的时候，万科高级副总裁谭华杰便表示，现在在万科完成租赁业务投资决策的是人工智能，也就是我们常说的 AI 技术。相较于开发商们往日使用的加减乘除这类运算方式，万科的科技应用早已来到了另外一个层面。

即便 2017 年"互联网＋"这个概念已经被翻来覆去谈论了无数遍，但究竟怎么在传统行业中真正践行"互联网＋"这一概念，而不是持续"纸上谈兵"，是许多投资人非常在意的关键考量因素。

的确，时至今天，阿里、腾讯、京东等各大互联网巨头都已经争相搭建以城市为战场的住房租赁平台，越来越多的互联网企业正以各种各样的方式与住房租赁行业接轨，譬如开启租赁家装服务的网易严选，拓宽租赁方式的京东白条租房和蚂蚁金服信用租房。越来越多的互联网技术正在介入租购并举大环境之下的住房租赁市场，在改变租赁方式的同时，其实也是在改变城市人群的生活方式。

在此盛况下，高力国际华东区研究部董事陈铁东表示，其实在现阶段，互联网技术的智能化应用在住房租赁行业的表现还不够深入，未来它们将会有相当广阔的应用前景。譬如利用大数据熟悉住客的偏好特点，精准服务，这对于企业与住客来说都是省时省力又高效的匹配方式。

有前瞻性的人在当下都已预见，住房租赁市场将会形成全国性联网的统一化、智能化租赁选择平台。而互联网技术，将成为行业投入的大头之一，并能为住房租赁企业的资产管理方面带来极大的提升——谁能在这个市场成为行业内的互联网技术领袖，谁就足以"引领风云"。

有前瞻性的人在当下都已预见，住房租赁市场将会形成全国性联网的统一化、智能化租赁选择平台。而互联网技术，将成为行业投入的大头之一，并能为住房租赁企业的资产管理方面带来极大的提升——谁能在这个市场成为行业内的互联网技术领袖，谁就足以"带动风云"。

自如可以说就是这样一个领袖性的存在。

从成立起至2015年，自如在自己的探索与预判下，慢慢成长为业内第一个通过App在线上实现找房、约看、签约、交租，甚至报修、预约生活服务、办理退换租等行为的住房租赁品牌。在其他同行甚至很多流程还只能在线下与纸上处理时，自如已经全面实现了租房与服务全流程的线上化体验，并围绕主体的租住场景，将搬家、维修、保洁、智能家政等多个业务与之结合，形成了"租—住"业务的闭环。

用新兴的互联网技术解构传统的住房租赁市场的确是一件难事，但却是一件十分必要的事——这也正是自如近年来一直秉持的真心——住房租赁行业在曾经的混乱之中暴露了太多的行业弊端，而扫除这些拖后腿、坏口碑的行业弊端，对互联网技术的全面应用便是其中重要的一环，自如始终坚信着，也一直坚持着。

全流程线上化可以让租住环节的任何一个细节都经得住推敲，透明、真实是它最大的特色，在2015年之后的数年里，自如还在不断对这一模式进行升级与优化，并成功应用VR技术监测向住客证实平台房源的真实性。这一应用在疫情期间更是起到了意想不到的效果——特殊时期开放线上VR看房、视频看房等功能，实现"0接触"找房。对于住客而言，降低了频繁外出与人员聚集的风险，对于企业自身而言，也有效避免了陷入突如其来的商业"空白期"。

正如前文所言，谁能在这个市场成为行业内的互联网技术领袖，谁就足以"引领风云"。自如在全面实现线上化后随即开启迅速发展模式，合理扩张，合理升级，最终在 2019 年实现房源数量超 100 万间的大突破，解决了房源供需错配等长期困扰租房租赁行业的老问题，并在规模上首次进入世界级序列，成了住房租赁行业的"三体"。

"《三体》问世之前，中国科幻文学的层次并不高，可以说《三体》将中国科幻提升到世界级。自如在目前的长租行业中，就扮演着《三体》的角色。"行业分析人士黄俊维便是这样形容自如的。

租赁行业从来都不是快餐式的商业模式，租赁是一种典型的长期事业。在过去，承租人的利益总是容易被忽略，但眼下，承租人的权益显然成了想要认真发展的住房租赁企业的重点，对于管理 100 万间房源并且拥有强大运营管理能力的自如而言，更是如此。在自如着手重构住房租赁行业时，它便一直在对自身的产品与服务进行与承租人同频的升级。

据《中国青年租住生活蓝皮书》显示，城市租住群体的 84% 均为 20~30 岁的租客，自如便将针对这一部分租客群体的"自如友家"产品进行了持续性的升级，自 2011 年首次推出以来，六七年的时间内，便已从 1.0 版本完成了多次进化。

以长租模式起家的自如在打造自己的产品线时，对友家、整租、自如寓、高端租赁住宅等多元产品进行了整合打包，在自己的租住产品生态内便生成了城市新居住形态的雏形。这些多元产品各有所长，无论是对标年轻化市场的友家、整租，还是对标高消费人群的高端租赁住宅业务，抑或是对标年轻人的独栋青年社区自如寓，都是针对不同人群所打造的优质产品。

既然是住房租赁市场互联网技术领袖般的存在，自如在对产品线的升级便不满足于此，自然也对智能化注入了许多新鲜血液，譬如在推出的整租产品和合租产品版本中，手机 App 可对房间的照明、安防、温控、卫浴等智能系统进行系统化控制，而友家 6.0 更是将流行元素加入了家具、软装的配色设计中，在技术跟上时代脚步的同时，审美与艺术感也紧跟时代潮流。

对于人们来说，此时的租房其实更像是在电商平台买东西，在传统的租房服务里，从看房到完成最终签约可能需要十几天的周期，但现在，在互联网重塑后的住房租赁市场，绝大多数人初次在 App 上浏览房源后，基本三天内即可完成签约。据不完全统计，超八成的租客最后一次看房到签约不会超过一天时间，完成签约前基本只看两次房。所有的便利似乎都在鼓励我们租房，而事实上，艾媒数据的报告也显示，如今已有 43% 的白领表示自己可以接受一直租房的生活方式。

在这样一个充满机遇的市场，自如到目前已累计服务 50 万业主和 400 万自如客，这样的成绩是其重塑行业并形成影响力之后聚焦 C 端的反馈，在经历过疫情的行业加速洗牌之后，不聚焦用户价值与社会价值的粗放式运营企业定然是淘汰的对象。

显然，自如是在向着目标笃定前行，并非盲人摸象，而住房租赁未来是一个万亿级的市场，人们的居住观念正在发生改变，中国房地产 3.0 的租房时代正在这一年悄然而至。

要租房，找建行

2017 年 11 月初，一则名为《租赁住房新政下，建行突然宣布进军长租房市场》登上搜狐、知乎等各个网站，引发热议，这是国有五大行第一次正式入局住房租赁市场。

"突然"一词是市场对于建设银行进军住房租赁市场的定义，表达出社会各界对于这件事情的惊讶。以一个经常形容戏剧冲突的句子来说，这件事情其实是"意料之外，情理之中"。

事实上，建行进入住房租赁行业，绝不是"凑热闹"，在市场中跑马圈地以分得一杯羹。建行是国有大银行，其进入住房租赁市场的主要目的是为建立和完善住房保障体系贡献力量。

早在大众视线还未注意到时，建行就已经在默默筹备，做好了前期准备工作。

因建而生，因建而兴。作为全球最大的住房金融银行，住房建设金融服务可谓深植于建行的基因中。建行见证并参与了中国住房制度改革的全过程，是国内最早开办个人住房贷款业务，率先承办住房公积金业务的银行，"要买房，到建行"这一口号深入人心。

刻在骨子里的基因使得建行能够成为"银行系"的开先河者。早在 2017 年 8 月 22 日，中国建设银行总行就召开了住房金融座谈会，宣布正式进军住房租赁市场；8 月 23 日，深耕广东市场的建行广东省分行召开党委会，传达贯彻总行精神，成立住房租赁领导小组，部署具体推进工作。

一旦号角吹起，进攻的脚步便不会停下。以下是一些官方资料，足以显示出建行广东省分行在住房租赁市场迅猛发力的过程。

2017 年 9 月 6 日，建行广东省分行刘军行长、建信租赁公司王强总裁一同与佛山市市长朱伟、市政府秘书长毛永天及市住建局等相关政府部门负责人进行会谈，双方就佛山市住房租赁市场及金融服务的"佛山模式"达成全面战略合作意向。

2017 年 10 月 13 日，建行佛山市分行与佛山市住建局签署平台共建合作协议，约定住房租赁监管平台、服务共享平台、企业租赁资产管理平台、交易监测平台、政府公租（廉租）住房管理平台五大平台均委托建行承建，标志着建行与佛山市政府住房租赁业务合作进入实质性实施阶段。

2017 年 10 月 25 日，于佛山禅城区注册成立广东建融住房服务有限责任公司，由建信财富（北京）股权投资基金管理有限公司全资控股，以市场化运营的建行全资子公司身份，积极参与到佛山当地的房屋租赁市场的发展当中，共同打造"佛山模式"，为"银政合作"业务模式积累经验。

2017 年 10 月 27 日，为佛山市国有住房租赁企业佛山市建鑫住房租赁有限公司审批通过 14 亿元综合授信额度，是广东省内审批落地的第一笔公司住房租赁贷款。

2017 年 12 月 20 日，建行广东省分行行长刘军、副行长吴集荣受邀参加广东省住房和城乡建设厅举办的广东省住房租赁工作经验交流会，现场播放了建行广东省分行与佛山市政府合作打造的住房租赁"佛山模式"记录短片，政银双方就"佛山模式"进行具体的介绍与分享，标志着建行服务政府助推住房租赁市场发展的脚步由佛山正式迈向全省。

2017年12月26日，建行广东省分行形成"家庭不动产财富管理业务"方案，即俗称的"存房"业务方案。

2018年3月22日，广东省分行行长刘军陪同总行副行长庞秀生参加银行业例行新闻发布会，重点就建行开展住房租赁业务及家庭不动产财富管理业务作了详细阐述和精彩回答，为下一步建行住房租赁业务吹响新号角。

这些极具创新性的业务，仅仅只是建行开启"政银"合作、"银企"合作的初步尝试，依托国有金融强大的资金融通能力、科技输出能力与跨行业跨市场的资源撬动能力，建行广东省分行蹚出与市场科技公司、中介企业完全不一样的国有金融赋能住房租赁市场的新打法。作为行内首批住房租赁战略推进者，建行在市场中发挥的作用主要体现在三个方面：

一是资金赋能。住房租赁是重资金行业，投入回收周期长，无论是新建、改造、运营、管理房屋等都需要大量的资金维系。而与此同时，市场上大部分的住房租赁企业都是轻资产运营，资产规模小、年立年限短、综合实力弱，按照传统信贷的标准，难以从银行获得资金支持。为此，建行创新了住房租赁贷款与存房业务。住房租赁贷款最长25年，能满足租赁企业从新建房源、购买房源、盘活房源到租赁业务日常经营周转全生命周期资金需求；存房业务以建行全资子公司为载体，租入租赁房源，装修改造完成后，委托市场专业租赁企业运营，将建行集团的资金优势与租赁企业的专业运营优势较好地结合起来。

二是科技赋能。建行充分发挥旗下建信金科公司优势，通过打造一些专业性的平台、系统，帮助整个住房租赁市场达成规范化管理，降低成本、提高效率。例如联合省住房城乡建设厅共同打造"全省一张网"的数字住建平台，将CIM、大数据、区块链、人工智能和地理空间感知等先进技术与住建全领域场景相结合，实现全省住建管理和服务事项"一网通办、一网通管"。又如为广州市属国企珠江租赁公司开发公租专属系统与共有产权住房销售管理系统，为增城产业投资集团有限公司搭建区属人才房管理运营平台等。

三是资源整合赋能。这种赋能，是将建行庞大的客户资源利用起来，这些客户资源可能与住房租赁链条上的各个主体有着渊源，将这些信息打通，是建行一直在努力的方向。如牵头成立租赁运营联盟及安居产业联盟，打造"居U采"线上采购平台，以"绿色环保"为运营要求，制定明确的供应商准入要求和品质管控标准，服务于与"居"相关的B2B物资采购，为大量中小微租赁企业提供优质专业的采购服务。

"求木之长者，必固其根本；欲流之远者，必浚其泉源。"作为"银行系"的"领头羊"，建行广东省分行十分明确金融业的发展无法脱离实体存在，帮助住房租赁行业发展，同样也是让自身发展拥有更多机会和可能。

2018 年　寒冬将至

飞速发展中的行业，正处在热血沸腾的青春期，此时所有的不规范和粗糙都在速度的掩盖下显得微不足道。当速度放缓，进入稳定期，所有的矛盾便会顷刻暴露，此时，迷茫、反复甚至混乱均在所难免。就像热恋中的男女，可以接受对方所有的缺点。可一旦热情褪去，那些此前被忽视的缺点，便会被无限放大，成为横亘在双方之间无法跨越的鸿沟。

当一个市场失去理性而又无人救市的时候，一切只能交给市场自己去调节。市场调节的结果必然是一部分企业破产倒闭，剩下的企业审慎经营，行业规模收缩。但不必过于担忧，市场很快会再度进入一个新的平衡期。

从"触雷"到"避雷"

2018年3月，国务院印发一则通知，表明《住房销售管理条例》《住房租赁条例》《城镇住房保障条例》三条被列入2018年的立法计划中，中国历史上第一部租赁法案即将出台；4月，中国证监会和住房城乡建设部联合发布《关于推进住房租赁资产证券化相关工作的通知》，重点支持住房租赁企业发行以其持有不动产物业作为底层资产的权益类资产证券化产品；5 月，杭州《蓝领公寓（临时租赁住房）租赁管理办法》正式出台，其中明确了申报和入驻条件、运营要求及规范等；6 月，国家七部委联合发布《关于在部分城市先行开展打击侵害群众利益违法违规行为治理房地产市场乱象专项行动的通知》，涉及城市包括北京、上海、广州、深圳、天津、南京、苏州、无锡⋯⋯

前半年，整个住房租赁行业正在不断规范中焕发出蓬勃生机。但当一个井然有序的集体内，出现了罔顾规则的人时，原本循序前进的队伍便很难再保持原有的速度与队形。

2018 年，住房租赁市场的规模仍在快速扩大，这对于所有行业内的人来说都是一个可喜的境遇。可偏偏就是有人等不及在这样的速度中成长，在这条马拉松赛道上，他们想要提前冲刺，想要抄小道远远地甩开同伴。

中央及各部委原本在这一年为住房租赁市场带来了更多稳定的机会，在土地及融资端等供给侧提供了诸多帮助，试图为这一行的从业者降低项目的获取成本，助其拓宽融资渠道。蛋壳等部分公司却在这一时期偷偷选择了"高进低出"的竞争策略，通过高价拿房与同行恶意竞争，间接将市场租金持续推高。

8 月 17 日，现为北京湘楚朝晖企业管理有限公司董事长兼 CEO 的胡景晖，彼时还是我爱我家的副总裁，他在接受媒体采访时，毫不留情地"炮轰"了以蛋壳为首的一众无视规则的"冲刺者"——这群违规冲刺者为了扩大规模，以超出市场正常价 20%~40% 的价格狂揽房源，严重扰乱了正常的住房租赁市场秩序。

这样的行为，无疑让中央及各部委为住房租赁行业争取到的盈利空间与发展节奏成了摆设。

这顿不留情面的"炮轰"就此拉开了一场近乎全民性的"声讨"行动，原本始终处于"半地下"状态的住房租赁行业突然被强行拉至众人面前接受审视，媒体紧接着又牵引大众的目光对准了长租公寓的"租金贷"。

"租金贷"的诞生原本是出于正面、积极的目的，在不少从业者看来其实是一种良好的经营"辅助"。但在市场上出现了规则以外的经营操作之后，"租金贷"显然已经脱离了原来的轨道，成了隐患颇多的暗雷，遭遇了社会大众旷日持久的广泛质疑和深度批判。

"租金贷"之所以会成为人人喊打的一种租房模式，究其根本，是违规的"冲刺者"利用它进行了超出安全范围的操作。

实际上，任何一个行业想要健康、持久地发展，都必须接受媒体与社会的监督，这场让长租公寓陷入舆论漩涡的"声讨"，既是行业的危机，也是行业的转机。既然已经有人为这个行业选择了开诚布公的时机，那么众人围坐一团，细数得失，将问题摆上台面共同研究，一起解决，不失为一场针对住房租赁行业的内科手术。

18 日上午 9 点，胡景晖宣布退出我爱我家，并表示自己的余生将义务服务于中国房地产经纪行业，为实现中国梦而撸起袖子加油干。

不可否认，这是胡景晖的心声，也同样是行业内成千上万仍遵守规则的人始终坚持的初心。一场"炮轰"为住房租赁行业扯掉了长久以来的"遮羞布"，看似让行业"丢了脸"，可实际上却是在为住房租赁行业的未来发展清除陷阱，同时也打开了让大众了解这一"半公开"行业的窗口。

虽然开端不甚美好，虽然个别媒体有炒作夸大之嫌，虽然胡景晖口中的"爆仓①说"霎时间有些危言耸听，但就此能提高大众与从业者的警觉，却着实算是桩善举。

这次事件短暂地遮住了洒向住房租赁行业的光，对于一个舆论爆发之前一直处于"半地下"状态的行业，绝大多数人对其的第一印象便始于此刻。他们来不及了解更多，更来不及分辨更多，一事错，事事错，住房租赁行业在大众眼中仿佛骤然被盖上了"拒绝"的戳，所有行业者不得不一起为此次的"暴雷②"买单。

许多坚持至今的住房租赁企业老板回想起这一年，都只能无奈叹息，彼

---

① 爆仓：股票专业术语，指在某些特殊条件下，投资者保证金账户中的客户权益为负值的情形，此时亏损大于账户中的保证金。在这里指住房租赁企业资金链断裂、资不抵债的破产情况。

② 暴雷：指的是 P2P 平台因逾期兑付问题或经营不善而停业。

时的他们，仿佛成了人人喊打的"过街老鼠"。

优客逸家正是在住房租赁行业处于一派焦灼之中时完成的 C 轮融资。

这一年的优客逸家，是赛道上守规矩的那一批"马拉松赛者"之一。正如前文所言，"租金贷"的初衷实际上是积极的，它的产生是因为长租公寓企业需要自己进行装修，其资金投入金额巨大，却很难在短时间内实现回收，等上好几年才能收回装修成本是业内常态。

然而市场上并没有能为住房租赁行业提供帮助的金融贷款产品。如何能拥有一款与行业现有困境相匹配的长周期金融贷款产品，可以支持长租公寓进行装修投入，成了所有从业者所期盼的。在这种需求下，"租金贷"应运而生，它帮助住房租赁企业通过租金分期产品快速从租客层面回笼资金，既解决了企业方面的困难，又实现了租客的月付需求——在外拼搏，为租房苦恼过的人应该都熟悉诸如"押一付三"的租金支付规则，一口气掏出四个月甚至更多的租金，也是许多租客的困难。

这种多方共赢的金融工具，有利润，也有风险。

其实，优客逸家在 2017 年的时候也借助这一金融工具实现了自己的快速发展，相关产品的使用比例一度超过 60%。回忆起优客逸家那时的选择，创始人刘翔坦言："大家都在发展的时候，都在这样快速回笼资金，你自己作为这其中的一个参赛选手，如果过度落后，其实就等于你没有可能继续拥有和大家竞争的机会。"

如果所有人始终在规则内合理使用"租金贷"这样的金融工具，或许一切便不会脱轨。但是，当一部分长租公寓企业开启了非理性的高速发展，过度使用"租金贷"杠杆之后，这一模式始终缺少相关企业进行风险管控的短处，便骤然成了刺向行业的匕首。

随着 2018 年的到来，整个住房租赁市场的竞争愈演愈烈，甚至进入大量同行"高进低出"的恶性竞争之中，更有许多骗子公司以住房租赁企业的形象恶意行骗，凡此种种，都为这一行业带来了极其负面的影响——不光是在表面的舆论上，更是从内部开始腐坏。

嗅到危机的优客逸家开始调整企业策略，紧急预警。在判断出当时的市场已经进入非理性竞争阶段之后，优客逸家及时停下了收房装修的扩张动作，并主动降低了自身使用"租金贷"相关产品的比例，从 2018 年初 3.3 亿元的"租金贷"在贷余额，骤然降到了年底仅有 8000 万元左右的水平，至 2019 年时已全然归零。

除开同行波动引发的警觉，优客逸家还关注到了大环境的变动。2018 年时，国家开始整治互联网金融 P2P，而这也正是许多"租金贷"金融平台资金端的来源，刘翔等人认为这类"租金贷"产品会因此受到影响，加上"租金贷"产品所产生的利息一直都是由长租公寓企业自己承担，大量使用原本也有不小的利息压力。

"去杠杆"已然箭在弦上，不得不发。

这一重要的"去杠杆"举措，让优客逸家及时避开了 2018 年的大危机，也让它再一次明确了自己接下来的投资方向。拿到这一年的 C 轮融资后，不再"拿房搞装修"的优客逸家将其悉数投入加强产品与 IT 研发的工作中去，明确稳中求进，进一步升级优化了运营服务体系，并且开始专心巩固优客逸家精细化管理的组织建设，力求在外部焦灼的市场氛围中保持自己高质高效的稳健增长。

这一次的风险规避，也得益于优客逸家曾经历过的一场血泪教训。2016 年优客逸家在进行融资时，由于融资款项没有及时到位，出现过一次现金流风险，自此以后，优客逸家总结经验，在以合理利润为导向的经营目标之下，对整个管理机制进行了一场企业内部的变革行动。

曾经的"触雷"经历让优客逸家在 2018 年成功"避雷"，如果将原来自上而下的金字塔式中央集权化管理结构，变为自下而上的赋能型、合伙人化的阿米巴组织，是优客逸家的内部变革，那么在这一年放弃在房源和装修上的额外投资，并且主动规避租金分期产品的使用，便是优客逸家做出的外部变革。内外统一发力的最终结果，显而易见。

也正因如此，优客逸家才能在危机重重的这一年反而成功获得 C 轮融资，诚如投资人所言："我们投资优客，主要看三点——团队、战略、财务数据。综合评估，优客的整体经营风格稳健，产品的内涵和延展性都非常丰富，企业的创新意识较强，与政府主管部门互动积极。"

或许一次危机并不可怕，可怕的是给你带来刺痛的危机并不能让你在未来的道路上时刻保持清醒。

走钢索的人

2018年1月，自如成功获得A论投资共计40亿元，单笔股权融资额度刷新了住房租赁行业融资新纪录。全行业甚至全中国，都对自如的发展充满了期待。

8月5日，一则因房屋空气质量问题产生的事件，在网络上引发关注。针对此事件，自如表示下架了九个城市的全部首次出租房源，待检验合格后再行上架。

实际上在事件发生前，《中国企业家》杂志在5月份对自如CEO熊林进行了专访，在这次专访中，记者问道："过去一年中，花费精力最大的事情是什么？"熊林当时给出的回答是："提高装修建材的环保标准，将板材标准从E1级别提升到E0级别。"

在行业看来，装修环保方面，自如是这个行业里投入最大的，做的最用心的。那么，为何自如如此重视装修建材的环保标准，却还是在这方面碰了壁？

事实上，从2014年开始，自如装修完老旧房、毛坯房等改动程度较大的房屋后，都会进行空气质量治理；同时，还对一些家具进行了替换，开始使用铁架子床和铁架子桌。

"我们当时也考虑过，是不是把屋子装上新风系统，但确实有难度。一是成本，二是现有大量的自如房源已经是装修过的房子了，如果装新风系统，当时的办法是只能在窗子上打洞，这就很难说服很多业主和小区物业，因为外观各方面都变了。"自如产品负责人说道。

在产品打造与成本控制之间，始终存在对抗性的矛盾，他们此消彼长，找到那个双方都能够满意的阈值，并非易事。

但自如方面表示，仍会持续不断地努力。不同房源因为装修基础不同，对于装修材料具有不同的耐受性，所以即使采用同样装修材料，不同房间给人的感觉都是不同，尤其是新装修完的房间。因此，自如要求所有管家在客户带看时，必须告诉客户该房间是不是新收房源，是不是首次出租。如果客户感到房间空气质量有问题，可以随时提出，检测认定后，自如将免费进行退换租，并免费帮助搬家。

另一方面，为了营造更健康、舒适、安全的居住条件，自如推出了"深呼吸"环保标准体系，致力于从家具板材、装修材料、施工管理、空气质量管理、空置期设置五个维度进行系统性管理，使租客可以"深呼吸，放心住"。

房屋装修是一件非常复杂的事情，在当今环境下，可以改善的方面太多了。熊林因此提出，希望大家给行业里面真正踏实做事情的企业和团队一些时间和窗口。

不仅仅是住房租赁企业，其他企业也面临着同样的问题：如何在经济效益和社会效益中取得平衡。

诚然做企业必须追求利润，企业只有赚了钱，存活下来，才能谈其他的。不赚钱的企业不是好企业，但仅仅为了赚钱，企业肯定做不长久。只在乎经济效益的企业，无疑是仗着"艺高人胆大"，在悬崖之上"走钢索"。虽然不至于摔下去，但却始终提心吊胆、摇摇晃晃，时刻担心倾覆。

全球最古老的企业是日本大阪寺庙建筑企业金刚组，成立于公元578年，到2021年已经存活了1443年，是世界上最长寿的企业；世界500强企业杜邦成立于1802年，到2021年已经存活了219年；中国通信企业华为成立于1987年，到2021年已经存活了34年；中国厨电企业方太成立于1996年，到2021年已经存活了25年，正在向千亿级的伟大企业奋进……

一个企业经历千年、百年、二三十余年的岁月，会面临多少次艰难的选择，战乱、灾荒、瘟疫、经济萧条等危机，会把企业陷入凛冽的寒风中吹打、酷暑的烈日中烘烤，它们能奇迹般地存活下来，可以断定，靠的不是幸运。那么，为什么有的企业长命千岁有余，而有的企业生命短暂、稍纵即逝呢？甚至辉煌耀眼的明星企业有的也仅仅风光三五年，便轰然倒下，销声匿迹。

从《日本企业长寿的秘密及启示》报告中很容易得到这样一个结论：企业

要长寿，就必须守住企业四大价值——交易收益、风险价值、投资回报、社会美誉，并且保证企业四大价值均衡增值和积累，而不是仅仅盯住企业发展的目的原点——赚钱。一个企业如果仅仅盯住赚钱的目标，就不免目光短浅，被一些赚钱快、赚钱多的市场引诱，放弃自己的长项，失去应该有的专项，陷于赚快钱、大钱的亢奋中，这样的企业是做不长久的。

任何企业想要长久不衰，实现可持续发展，就必须在追求实际利益的同时兼顾社会效益。利润如同生命所需的阳光、空气、食物和水，没有这些生命就无法生存，但这些不是生命本身，也不是生命的目的。一些企业终其一生，都未发现自己所追求的是什么，最终不过是虚妄，是竹篮打水一场空。

风口上的艰难选择

转瞬间，2018年下半年到来。年初胡景晖的预言一语成谶，多家住房租赁企业相继传出"爆仓"新闻，整个行业"哀鸿"声一片。

8月20日，杭州"鼎家网络科技有限公司"宣布因经营不善，资金链断裂，已停止运营。这家公司经营的品牌名为鼎家公寓，一时间，数千名租客和房东天降横祸，蒙受了不小的损失，且深陷与消费金融机构的纠纷漩涡中。

鼎家总部和其他破产的企业一样，早已人去楼空，只剩下遍地垃圾，时不时聚集一些前来维权的租客，或是一些希望窥探到内情的记者。

"我们一个月租金4000多元，签了一年，现在中介公司破产了，不但房东没有收到我们交出去的房租，还稀里糊涂背上了贷款。"一名租客十分气愤，痛骂鼎家是"诈骗犯"。

这名租客透露出两个信息，一是租客原本应该交给房东的房租，被中介公司拿走，租客"白交钱"，房东拿不到房租，双方都有不小的损失；二是租客本人竟莫名其妙地背上了贷款。

前一个信息尚且好理解，但背上贷款从何说起？根据租客描述，鼎家在与租客签约时，利用租客的个人身份信息，申请了半年期、一年期或更长时间的租金贷，却并未告知租客这是贷款。只是以方便租客线上缴纳房租为由，要求租客按月"偿还"贷款。在这个过程中，即使租客中途退租，仍需按时缴还，否则将影响个人征信。

租客本人并不知晓自己申请了贷款，而贷款获得的钱款，自然直接到达了鼎家公寓的账户上。但鼎家公寓并未将钱款每月按时付给房东，而是一次性拿来扩展规模。此次鼎家破产，约有 4000 户租客蒙受损失。

被鼎家公寓欺瞒的租客，并非人人都是初出茅庐、涉世未深的年轻人，其中不乏社会精英。为何他们也会被骗？原因在于当初租客与鼎家公寓签约时，业务员向其推荐线上月付模式，要求签约一年，但并未向其表明此举是用来在"爱上街"申请租金贷，合同中也未提到"贷款"两字。同时，在签约时，申请租金贷的网站也不会显示"贷款"等字眼，而是用"您在平台申请的租房订单号×××，已通过申请"等隐晦用语，掩盖了租金贷这一实质。

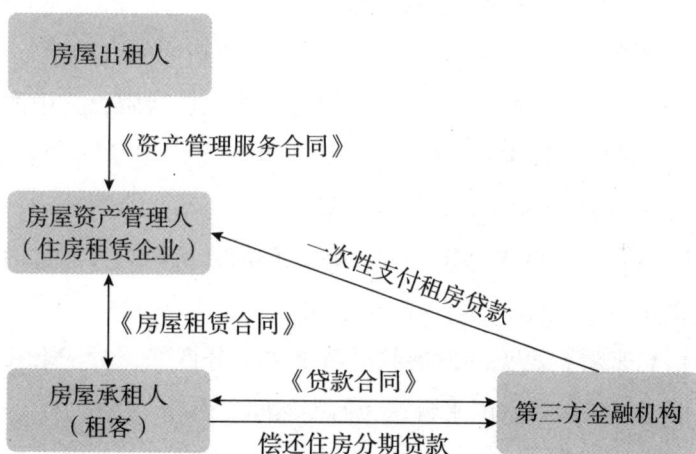

图12　租金贷模式

租客在登录"爱上街"等网站缴纳房租时，根本看不出这是一个金融平台。如此瞒天过海，主要原因在于鼎家为了迅速扩大规模，采取高买低卖的方式，以高出市场价格数倍的价格从房东手中获取房源，再以低于市场均价的价格将房屋出租出去，以获得更多流动资金。

鼎家公寓想要迅速发展的想法无可厚非，但对于被欺骗的租客来讲，真可谓是"六月飞雪"，他们不仅交付了大额房租，但因为房东未曾收到，面临被扫地出门的困境；还不得不按时偿还鼎家公寓借走的贷款，不然征信受到影响，很可能成为失信人员。

同样的状况在 10 月 15 日的上海也发生了，上海寓见公寓也因为资金链断裂而"爆仓"。如果说鼎家公寓暴雷只是"发育不良"的住房租赁企业的必然淘汰，可寓见公寓在 10 月 5 日时，还排名行业前七。

上海华瑞银行的一纸告知函，彻底击碎了住房租赁行业从业人员对美好行业前景的幻想。华瑞银行是寓见公寓房屋装修专项贷款的放款行，寓见公寓"爆仓"，华瑞银行第一时间发函，要求保障其装修资产的安全。

寓见公寓的房东表示，自 9 月 25 日以来，就未在收到房租。房东收不到房租，以为租客退租，便上门查看，结果租客感到非常诧异，因为自己一直在按时缴纳房租。正当房东联系寓见公寓负责人催要房租时，却收到了寓见公寓的业主公告。房东与房客相顾无言。

突然的"爆仓"之前，寓见一直是住房租赁行业中的"明星"。2014 年 3 月至 2015 年 3 月的一年内，寓见公寓曾先后完成三轮融资，其中的明星投资方包括雷军旗下的顺为资本、险峰华兴、联创策源等。

寓见公寓成立于 2014 年，隶属于上海小寓信息科技有限公司，主要在上海及华东地区开展住房租赁业务，拥有 43 家门店，房源总数超过两万套，管理资产超过 300 亿元，旗下还有 4 家子公司。

从这些信息来看，寓见的发展状况看上去十分良好，对于未来的规划也充满希望。但这样顺风顺水的平台，为何突然间"爆仓"了呢？

事实上，寓见公寓也与鼎家公寓一样，利用了第三方金融工具来转嫁风险。在运营过程中，可谓步步皆险，稍有不慎，便会全盘皆输。随后，租客与媒体记者一起前往上海寓见总部讨要说法，并前往派出所、法院等地寻求援助。多位租客与寓见公寓协商后提到，遇见公寓给出的初步解决方案是让本土最具有实力的住房租赁企业来接盘。但后续如何进行，仍是一个未知数。

令人没想到的是，仅仅十天之后，北京昊园恒业也宣布破产。截至此时，全国至少已有十余家长租公寓机构先后"爆仓"。

当这些负面消息袭来，住房租赁行业也开始慌乱起来。大部分人认为，租房租赁行业的"冬天"已经提前来临，至少有一半的长租公寓将在整个寒冷的冬天"死掉"。有人称之"洗牌"，有人谓之"调整"，总之，年初还是资本和媒体眼中"香饽饽"的长租公寓似乎已经深陷泥沼，难以自拔。

事实上，住房租赁行业早在 9 月就开启了"自救"。9 月 7 日，证券日报在北京主办了主题为"新业态、新变革、新需求"的中国长租市场峰会。世联行副总裁甘伟、中联基金总经理何亮宇和远洋邦舍常务副总经理俞国泰等参加了这次峰会。

这次峰会邀请了业界高管、专家学者围绕"长租公寓是资本的风口还是需求的风口""资本和市场该如何融合发展相得益彰"等话题展开讨论，希望对住房租赁行业未来的发展方向进行正确规划。

穆林教授认为，住房租赁企业出现"暴雷"的情况，除了上述提到的主动"暴雷"，也就是运营模式本身存在问题，还有一些住房租赁企业实际上是被动引爆的。

在国家提倡租购并举，大力扶持住房租赁产业后，原有的住房租赁企业的扩张速度超过了市场需求。简而言之，就是原本市场需求要求住房租赁企业每年扩张一倍，结果实际上住房租赁企业每年扩张了五倍，那么自然而然就会形成供过于求的情况，那些无力在市场竞争中维持下去的企业，便开始资不抵债，逐渐走向破产。

世联行集团副总裁、世联红璞公寓总经理甘伟针对 2018 年以来发生的一系列状况，笑言道："不要把我们称为热点，我们原来是风口上的猪，现在成为风口上被烤的猪，很难受，我们还是乳猪，太小了。"

这一言论虽然看起来是玩笑，但却能够明显看出，住房租赁行业的风向开始变了。此前认为住房租赁行业发展将一往无前的"天之骄子"们，现在不敢再放言住房租赁行业是"风口"。此举可能是在为住房租赁行业过去的失败和即将面临的困境寻找借口，抑或是希望住房租赁行业开始低调起来，不再站在舆论的风口浪尖。

这是理智回归的前兆，在经受过一些挫折后，原本血脉偾张的住房租赁行业开始抑制住不断扩张的步伐，逼迫自己停下来思考。

虽然参加这次论坛的行业"大拿"们对于住房租赁行业的看法不一，但人们依旧达成了一个基础共识，住房租赁行业将持续发展下去，绝不会"戛然而止"，只是这个发展必然充满艰难困苦，一定会走一些弯路。

看似寻常最奇崛

市场发展波云诡谲，一方面"暴雷""爆仓"的企业相继倾塌，另一方面却仍有一些企业势头正旺，如火如荼地开展业务，无暇为其他企业的兴亡伤春悲秋。

乐乎就是后者。2018 年 10 月，乐乎一举中标世界最大航空港——北京大兴国际机场 G–02–02 地块。项目位于北京市大兴机场红线内，规模近六万平方米，工程房间数为 1506 间，采用乐乎托管模式，预计 2022 年底开业。

图13　乐乎公寓在大兴机场的公寓地块

什么是乐乎托管模式？这需要细细梳理乐乎自创立以来对于各种运营模式的探索。

2014 年乐乎创业初期，采用的是"直投式托管模式"，是指针对乐乎对房屋进行装修改造，并负责运营管理，但改造和管理的费用由投资方承担。

2014 年 10 月，乐乎全面转型轻资产托管业务模式，以"纯托管方式"为主要运营模式。这种模式是指业主将房屋交托给乐乎运营管理，乐乎对房屋进行设计或改造，同时提供整套服务。轻资产托管业务模式，对于住房租赁企业而言是极其重大的进步。从重资产模式中抽离出来，能够降低企业资金链断裂的风险。

2015 年 6 月，乐乎开始实行"包租式托管模式"，这种模式是指乐乎指引投资方承包房屋，委托乐乎运营管理。

2018 年 10 月，乐乎公寓又探索出"乐乎有朋轻加盟合作模式"，为中小型公寓赋能，提供软装改造、顾问派遣、平台植入、营销推广等服务。

自此开始，乐乎几条业务线并行，均实行轻资产的托管模式为核心。

乔布斯曾说过："没有资产，就是最大的资产。"轻资产模式通常只提供服务、品牌或营销，这是轻资产托管模式的要义，不容易被重资产负累。

重资产企业往往会"负重前行"，就像蜗牛背上了重重的壳，那层壳虽然能够保护它，却也让它前行艰难。房地产企业通常都是重资产企业，在固定资产上的投入非常高，企业经营成本因此提高，资金投入较大，利润率回报较低。

轻资产运营意味着乐乎几乎没有太多的实物资产，在住房租赁行业，要做到完全"独善其身"并非易事。但乐乎抛开了传统房地产业执着于"买地""买楼"的理念，将资金更多地投入人力、服务和营销等方面，运营起来更为灵活，利润率回报较高。

以轻资产托管模式出发，乐乎作为独立运营商，与北京市大兴区西红门政府及建信住房合作了大型租赁社区——"西红门镇创业之家"，这个项目整体规划超过 30000 平方米，一共打造了 437 间房，有一居室、双人间、四人间等多种房间，满足不同客户群体的需求。

"看似寻常最奇崛，成如容易却艰辛"，乐乎能够在住房租赁行业日渐冷却的状况下，走出一条愈发火热的路，与其探索出的轻资产托管模式密切相关。

长租即长住，长租即安家

2018 年，建行广东省分行持续发力，在住房租赁行业中不断取得新的突破。

2018 年 3 月 28 日上午，中国建设银行广州住房金融服务中心开业仪式在天河举行，总行副行长章更生出席并与广东省分行行长刘军、方圆集团董事局主席方明为广州住房金融服务中心、广州建方房屋租赁管理有限公司揭牌。

图14　中国建设银行广州住房金融服务中心开业仪式

许多银行设立的"一站式"住房金融服务中心或机构，只提供住房按揭办理服务。而广州住房金融服务中心是综合性住房金融业务中心，不仅能为广州市民建房、买房、卖房、租房、存房、以房养老、房改金融等与住房有关的金融业务提供"全景式""一站式"服务，还肩负着住房指数发布等特殊功能，是目前全国业内首个可以提供该类服务的金融机构。

有以上服务需求的客户，都可以到广州住房金融服务中心办理，能够简化流程、节省时间。作为国内推进住房租赁业务的先行者，建行广东省分行在全国住房租赁领域再次迈出了具有历史意义的一步，推动国内不动产财富管理开启新时代。

"建行做住房租赁不是为在租赁市场凑热闹、争小利，而是以银行优势在住房市场的需求者和供给者之间架桥铺路，发挥金融的融通功能，培育涵盖收房、改造、出租、运营全生命周期的租赁新生态，在底层逻辑上构筑住房保障的坚实基础，让新市民不仅有房可住更要宜居宜业。"建行广东省分行行长刘军的一席话，对于建行在住房租赁行业发展的目标进行了详细阐释。

"长租即长住，长住即安家"是建行倡导的住房理念，也是建行推进住房租赁相关业务的初心和使命。以此为初心，能够让建行在这条道路上不偏航。

同时，建行广东省分行坚持实行"互联网＋住房建设＋金融"的策略，让多方优势相融合。例如，4 月 27 日，为广州建方房屋租赁管理有限公司成功注册住房租赁专项票据。该专项票据注册金额三亿元，期限五年，募集资金主要用于与建行集团合作不动产财富管理业务房源收购等。

建设银行在住房租赁行业上行走，既是压舱石，也是助推器，助力整个行业蓬勃发展。

在利用金融资金发展住房租赁企业时，除与银行合作外，选择保险资金投入也是另外一种良好方式。

早在 2018 年 5 月，银保监会就发布了《关于保险资金参与长租市场有关事项的通知》，通知显示，保险公司通过直接投资，保险资产管理机构通过发起设立债权投资计划、股权投资计划、资产支持计划、保险私募基金参与长租市场。保险资金是国家长期资金运作的重要引导方向，准许保险资金进入住房租赁市场，能够给住房租赁行业带来更充足的资金支持，也有利于市场进行自我调整。

很快，中国保险业便开始与住房租赁企业合作，开始入局住房租赁市场。2018 年 8 月，由中再资本、南京江宁开发区、协鑫集团三方共同打造的长租公寓项目在南京签约。这是中国保险业首单拟通过保险私募基金投资的住房租赁项目。

韬光

2019—2021年

持而盈之，不如其已。揣而锐之，不可常保。

——春秋战国·老子《道德经》

2019 年　大洗牌

行业沉浮，从一开始就遵循自然规律，带着弱肉强食的烙印。无序扩张与疯狂加码后，动荡随之而来。当某个行业中出现新技术或出现新变化时，大鱼吃小鱼，小鱼吃虾米，优胜劣汰，根植于公平土壤下正常的行业竞争便开始此起彼伏，行业大洗牌就此开始。

繁华落幕，去伪存真，火热的住房租赁行业正在逐渐回归理性。

强监管时代来临

2019 年刚一开始，行业扶持与整顿的苗头便显现出来。

年初，自然资源部、住建部联合印发的《关于福州等 5 个城市利用集体建设用地建设租赁住房试点实施方案意见的函》指出，原则同意福州、南昌、青岛、海口、贵阳五个城市利用集体建设用地建设租赁住房试点实施方案，租赁住房试点扩围至 18 城。

随着试点名单的不断扩大，有利于在全国范围内推行具有可复制、可推广价值的工作规则、标准、政策等经验和模式。

7 月，财政部、住房和城乡建设部确认北京、长春、上海、南京等 16 个城市入选 2019 年中央财政支持住房租赁市场发展试点入围城市名单。

同时，各地"商改租"细则陆续出台，广州市规划和自然资源局与广州市住房和城乡建设局联合印发《广州市商业、商务等存量用房改造租赁住房工作指导意见》，该意见指出，广州市内符合权属清晰、结构安全、消防安全、环保卫生、物业规范、完善配套、技术标准七大要求的非住宅存量用房，可向有关部门申请改造租赁住房。

"商改租"政策的出台，主要是为了将存量商业用房重新利用起来，不至于出现资源浪费的情况，同时还能缓解住房租赁行业房源短缺的情况。

8月，全国人大常委会审议通过了关于土地管理法的修正案，规定农村集体经营性建设用地在符合规划、依法登记，并经三分之二以上集体经济组织成员统一的情况下，可以出让、出租给农村集体经济组织以外的单位或个人使用，使用者还可以通过转让、互换、抵押的方式进行再次转让。

这一系列的政策对于住房租赁行业而言，都有着极大的促进作用。

纵观整个2019年，政府出台了与住房租赁行业相关的约55个政策，其中监管类政策占比达50%。这是因为在住房租赁行业不断发展的同时，"暴雷""虚假房源""中介乱象""监管漏洞"等问题也愈发明显，为此，2019年，中央开始全面完善住房租赁市场监管政策。这意味着原本野蛮生长的住房租赁行业，开始进入政府强监管时代。

9月，住房和城乡建设部召开住房租赁中介机构乱象专项整治工作推进会。会议指出在主题教育期间集中力量在全国范围内深入开展住房租赁中介机构乱象专项整治活动，严厉打击侵害住房租赁当事人合法权益的行为。力图通过专项整治，纠正和查出住房租赁中介机构违法违规行为，坚决取缔一批"黑中介"，在有效遏制住房租赁中介机构乱象的同时，加快长效机制建设，不断优化住房租赁市场环境。

随后，北京、郑州、合肥、重庆、厦门等多地展开了相关专项整治行动。据《中国租赁住宅行业发展白皮书》上的数据显示，全国共排查住房租赁中介机构八万多家，查出存在不规范行为的住房租赁中介机构一万余家，通报违法违规案例8000余起，对违法违规的企业机构进行曝光，并且已对一些涉嫌犯罪的"黑中介"和人员，移送司法机关立案查处，有效遏制住房租赁行业的乱象。

12月25日，住建部官网发布了六部委联合印发的《关于整顿规范住房租赁市场秩序的意见》，其中主要内容包括：可供出租的住房，将显著增加；控制房屋租赁行业"杠杆率"，租金贷收入占比不得超过30%；政府对租赁行业的管控能力将全面提升；转租住房10套（间）以上的单位或个人，要办理市场主体登记；严管房源信息发布；住房租赁合同也需要网签；明确规定房屋中介机构不得吃差价，续约不收费。

虽然这些政策是以监管的名义颁布，对住房租赁行业从业人员来说要求更加严格，但对于整个行业而言，这却是一种极好的政策保护，对于消除市场潜在隐患，促进市场规范健康发展有着重要意义。

行业整顿或许会在短期内影响部分住房租赁企业，使其面临更多无法轻易解决的问题，但无论任何行业，要想长期发展，经历一些阵痛在所难免。在家庭教育中，人们往往会认为，过于顺利的人生对于个人成长是不利的，孩子需要一些"挫折教育"。行业成长同样如此，过于顺利，便意味着能轻易掀翻。

从另一种层面上来说，这些被处理的"黑中介"，其实算不上行业前进的力量，反而在一定程度上阻碍了行业发展。从本质上而言，这是良币驱逐劣币，取缔它们，对于那些遵纪守法的住房租赁企业以及广大租客而言，百利而无一害。

轻重并举的成功

快与慢之间的摸索，规模与效益之间的抉择——许多住房租赁企业都曾在这样的岔路口犹豫，不一样的选择往往代表着不一样的未来，没有人可以信誓旦旦地保证自己一定能在恰当的时机做出最佳的选择，也没有人可以提前认定自己的选择值得"从一而终"。

"稳"，是经历了风霜洗礼的住房租赁企业最大的心愿。在这个时代，各行各业都在变幻莫测的机遇中试错、打磨、历练，最终磕磕绊绊地走出一条成功之路，抑或是在起起伏伏之后泯然于市。于是，谁能走稳自己的路，似乎成为决定一个企业能否成功并长久的重要因素之一。

对于此，旭辉瓴寓的 CEO 张爱华深有同感。

"旭辉瓴寓"其实是原"旭辉领寓"在 2021 年 3 月 1 日开启的新名字，代表着"全面把握事物，了解透彻"的决心，以此也能看出，旭辉瓴寓对自己接下来走的每一步都怀揣足够的信心。其实，这份自信也并非平白无故而来，它皆源于旭辉瓴寓慎之又慎的过往经历——在创业之初，张爱华便不惜牺牲行业的高光机会毅然决然地选择了稳中求进，"做正确的事情"是她给自己的创业路定下的硬性要求。

短暂的摸索与探究之后，旭辉瓴寓瞅准战略方向，选择以"轻重并举"的方式进行后续扩张。张爱华对眼前这条路的考量十分清晰、严谨，实际上，早在2016年年底进入住房租赁行业的赛道时，旭辉瓴寓便清晰地认识到这个行业不能完全当作互联网行业去做。它是一个底层有资产且靠精细化管理的行业，同时，它还需要持续运营能力，这也注定了它与房地产行业的不同。

"不能一上来就为了做包租而包租"，旭辉瓴寓明白包租模式并非完全走不通，它只是需要一个合理的商业模型做基底，这样才能有效规避住房租赁企业在资本的驱动下唯规模论，避免大家选择通过恶意竞争在供应端抬高底层资产价格——否则，在难以高效盈利的原包租模式下，越大的规模代表着越严重的亏损。

正因为这样的判断，在2017、2018年大部分同行们尚埋头于包租模式，沉浸于行业的高光阶段时，张爱华便已呼吁公寓运营必须回归本质，彼时的旭辉瓴寓在深入分析行业实况后难以发掘让住房租赁行业能真正健康发展起来的要素，甚至没有找到稳固成立的底层逻辑——一个赚钱难的行业，如果商业本质不是以盈利做支撑，显然是难以持久且极具风险的。

"只有创造价值，企业才有可能在竞争市场上获胜，再带来新的价值和利润。"张爱华认为这一行业资产管理的链条很长，导致其分工也很细，而一个企业并不一定要在全链条面面俱到才能做出彩，深耕某一个或某几个链条找到自己的优势点并做精，就可以先行成为细分领域很好的公司。在形成这样的良性发展后，慢慢就会出现许多在某几点上具备优势的企业，随后，长链条整合型公司的机遇也会出现。

经过综合分析，旭辉瓴寓认真思考了自己未来的方向，斟酌自身阶段性策略，最终在以包租模式为主的基础上发现了新的发展模型。张爱华认为包租只是旭辉瓴寓的一个阶段性策略，当一个区域的深耕形成品牌影响力之后，就是包租使命完成，可以开始做"轻"的时候了。

这种做法在当时显然是超出行业惯性认知的，但是张爱华并不排斥听取不同意见，在她看来这是在接触不同的视角，并由此带动自己进行更多维度的思考。"在各种声音袭来时，需要有足够定力保持自我的判断，这其实是自我修炼的过程。"张爱华在"保持定力"这点上一向都说到做到，这也成了旭辉瓴寓"稳"发展的重要基础。

当然，旭辉瓴寓的"稳"也得益于张爱华深厚的开发商背景，她在地产行业 20 年开发与建设的经验，全都变成了旭辉瓴寓稳中求进的资本。近年来，地产行业正从土地红利慢慢转向产品赋能，却始终未能迎来服务为王的时代，在各个企业都埋头通过产品拓展市场的当下，显然只有专业的建设开发体系才能构建并长效支撑完整产品的落地——旭辉瓴寓便是建立在这样一个专业体系之上的优秀企业。

同时，作为"地产派"的代表企业，旭辉瓴寓除了张爱华无人能出其右的背景以外，另有三大优点：第一，较强的资本运作能力帮助旭辉瓴寓集结了一大批投资人，在大资管链条上，"融"与"退"这两个环节旭辉瓴寓都比"创业派"企业与"酒店派"企业更有优势；第二，"地产派"天然的整合优势让旭辉瓴寓从拿地报批报建，到产品建设开发，再到大运营规划，甚至成本控制与供应链上，都具有明显的优势，不再像传统住房租赁企业只能"搞定"局限性的租赁产品，而是足以打造真正适合长期居住的租赁社区产品；第三，旭辉瓴寓的定位是独立、市场化的资管公司，而非隶属于地产事业部的某个特定业务板块，在投身住房租赁市场时，并非被动考虑，而是带着自己清晰的目标战略性进入，这有利于吸引行业合伙人共同赋能，即便是地产行业不具备的内容，旭辉瓴寓也可以轻松植入。

基于对自身优势以及市场的判断，张爱华为旭辉瓴寓开辟了第二曲线——正式转型"轻重并举"的发展、扩张模式，并且要跨越该模式的不连续性，逐步形成运营与资产管理双轮驱动的住房租赁企业。

旭辉瓴寓的思路非常清晰，"重"的部分可以利用 REITs 做资产证券化，即做好资产管理平台，利用股权模式及资产管理双轮驱动稳步进入市场，实现以重资产自持模式进行运营。

2019 年的 4 月，旭辉瓴寓与平安不动产合作搭建了 100 亿元住房租赁投资平台，并落地首个租赁大社区项目——上海浦江华侨城柚米社区。双方商议，合作将涵盖一线城市和主要的二线城市，合作内容包括资产收购、工程改造、运营管理和资产证券化等。

图 13　旭辉瓴寓与平安不动产合作启动仪式

随后，旭辉瓴寓与新加坡政府投资公司（GIC）共建 5.7 亿美金投资平台，并先后落地了柚米寓北京 26 街区和柚米寓上海九亭中心两个项目……

在"轻"的部分，旭辉瓴寓以输出产品与服务为主，通过与其他开发商、国企、政府的合作，提前介入住房租赁用地的开发与运营。2019 年 2 月，旭辉瓴寓与张江集团合作，获得了上海第一块 R4 住房租赁用地，即张江纳仕国际社区租赁式住宅项目的运营管理权，着手打造大型智慧租赁社区。同年，旭辉瓴寓携手平湖经济技术开发区，共同打造平湖人才公寓，并与南京高投集团旗下毅达汇景合力落地南京天马路社区及南京站北地块项目……

可以说，旭辉瓴寓在三年多的发展中，致力于投入旭辉房地产与创新业务的双效板块，全力构建百万级的用户租房生活服务平台与千亿级资产管理平台。他们规模上成绩斐然，布局全国 18 个核心城市，七万余间拓展及管理的房源，品牌稳居"地产派"前三，并长期摘得住房租赁权威榜单上海区域行业规模及盈利能力的第一名。

以上种种成就，都为旭辉瓴寓 2020 年以后的发展奠定了坚实的基础，并更加坚定了旭辉瓴寓"轻重并举"的发展策略。

张爱华曾在一次采访中被问及旭辉瓴寓在营规模中轻、中、重资产的比例分别是多少，这或许是许多了解旭辉瓴寓发展模式并见证其成功的人所好奇的，因为学习与成长往往是从模仿开始。张爱华对此坦言，目前旭辉瓴寓轻、中、重资产的占比分别为 50%、20%、30% 左右。

旭辉瓴寓是住房租赁行业中最早提出"租赁社区"概念的企业，精准找到了这一行业的未来方向并持续深耕。"真正居住的概念不只是物理的居住场所，而是链接多元生活场景，并具有休闲、娱乐、办公等丰富功能在内的适合长期居住的生态圈，甚至是一种生活方式。"张爱华如是说。

之所以有此判断与规划，是因为，无论从助力供应端找到优质且价格合理资产的政策红利来看，还是从对用户端需求的聚焦来看——要知道，分散式与集中式公寓都以小空间为主，这样的空间只能为用户提供"住"的服务，并不能满足用户真正的生活需求——往后走，用户迟早还是会回归能够替代居住销售型的商品房，即租赁社区产品。

这并不是凭空臆想，在海外，用户可以在成熟的租赁社区居住三到五年，德国甚至可以长达十年之久。由此可见，租赁社区的确是一种非常长效、可观的运营逻辑，而我们要做到的便是学会聚焦，利用有限资源为客户创造更大的价值。旭辉瓴寓一直以来对标的都是美国 EQR，在美国，住房租赁市场十分成熟。而作为美国最大公寓 REITs 资产管理人的 EQR，也是跟随着经历了多轮行业调整才发展到如今的成熟状态。相比之下，国内住房租赁行业尚在摸索期，许多调整均处于进行时，一家企业想要于此时形成独有的核心竞争力，绝非短期内一蹴而就的，尤其是行业调整所导致的不同发展阶段，会需要相关企业侧重不同的能力。

除此之外，旭辉瓴寓能做到全链条的精准判断离不开数据系统的支持，旭辉瓴寓的系统不仅仅能为运营服务端赋能，更能为前端投资提供决策支持。其提出的双脑驱动（人脑＋人工智能）协同作战模式，旨在以技术驱动业务，最终达到业务全覆盖的效果。

张爱华坦言，瓴寓和其他行业公司最大的区别在于定位资产管理者，技术覆盖面广，包含了投资端、产品端、运营端、财务端等多个板块，并非只是赋能运营服务。"从营销体系看，通过精准数据分析客户行为，反推市场上哪些是高溢价、高需求产品，哪些是低价值、不好租的产品，促使我们做数字化产品设计，做好高性价比的产品匹配"，这正是旭辉瓴寓通过系统进行精准投资决策的根本逻辑。

如今，住房租赁行业的规模化发展已经进行到了第二个五年，头部企业正逐步分野。对旭辉瓴寓而言，很早就找准了适合自身发展的战略道路——轻重结合深耕"租赁社区"，同时持续围绕两个战略平台——千亿资产管理平台和百万生活服务平台，苦练内功，用产品和服务引领住房租赁市场。

强强联手，战略并购

2019年5月29日，安歆集团创始人兼CEO徐早霞和北京首旅酒店（集团）股份有限公司总经理孙坚共同在战略合作协议上签字，向外界宣告安歆集团已经正式完成了对住房租赁品牌"逗号公寓"的并购，也标志着双方将联手开创企业员工公寓生态圈的新局面。

图14　安歆牵手逗号公寓打造蓝领生态战略合作签约仪式

逗号公寓（COMMA）成立于 2015 年 7 月，依托首旅如家专业且强大的住宿管理经验，很快便成了住房租赁行业最受年轻人追捧的公寓品牌之一。截止到并购日，逗号公寓已经进驻 19 个城市。此次并购完成后，安歆集团的床位数量将突破十万张，业务布局版图也将由原先的 9 个城市扩张到 17 个城市。

这是安歆集团自 2014 年成立以来第一次进行战略并购，之所以将目光瞄准逗号公寓，是多方经过深思熟虑后的结果。徐早霞表示："此次安歆牵手逗号，是强强联手。通过逗号现有项目、未来项目以及如家体系内其他项目资源的深度合作，扩大安歆的城市版图及运营规模，为城市新市民、新青年提供更多有品质的住宿空间。"

安歆集团和逗号公寓各方面的互补优势比较明显，此次联手是深耕行业的精细化运营能力和丰富的行业资源的完美结合。除了能更大限度上加快安歆集团版图跃迁的步伐，逗号公寓还将和安歆集团共享自成立以来积攒的企业客户资源，这就为安歆集团日后的发展提供了多元化产品矩阵，同时此次并购还将为企业员工公寓整个细分领域的发展提供强有力的助力。

于大众而言，此次并购对于缓解基层奋斗者的居住压力有非常大的作用。一座城市想要更多地留住各个领域的专业人才和建设者，增强外来务工人员的幸福感和归属感，就要尽可能为不同收入层次的群体提供与其收入水平相契合的硬件设施，住房作为第一需求首当其冲。简言之，只有为城市的外来建设者解决住宿这一方面的后顾之忧，他们才能全身心地投入城市的建设中，这也是住房租赁企业存在的意义之一。

正如孙坚说的那样，大城市城镇化战略会齐聚更多的年轻人，但是大城市房价很高，对于年轻人来说，虽然未来很美好，但现实却也很"骨感"，这是年轻人必须要经历的过程。在这个过程中，安歆可以成为他们的后盾，帮助每一个年轻人追求梦想、实现自我价值。

不过此次并购并没有对安歆集团的运营方式产生比较大的影响，更多的是逗号公寓开始进入安歆集团运营管理体系。安歆集团在完成对逗号公寓的并购后，仅用了两个月的时间就扭转了此前亏损的局面，将双方的优势完美地展现出来并且进行了融合，铸就了一段行业佳话。

谈及背后所做的工作，徐早霞说她只做了三件事：首先，稳定双方的团队，让双方的企业文化进行融合，这样做是为了让原逗号公寓的员工看到安歆开放的态度以及他们自己未来的晋升通道；其次，组织团队开会，一一盘点他们过去发展过程中遇到的难点、痛点，然后提出针对性的解决方案，各个击破，打破他们之前的发展瓶颈；最后，从运营、品牌等各方面进行赋能，让这一条业务线自我探索出最符合当前发展情况的运转模式。

经过一段时间的探索，逗号公寓已经成了整个安歆集团盈利最好的一条产品线。

住房租赁行业中，头部企业具有明显的规模效应，尤其是在兼并了更多其他住房租赁企业后，抗风险能力得到了显著提升，更容易获得资本市场的青睐，从而得到更多融资，后续发展动力十足。相比较而言，行业内大多数"创业派"住房租赁企业则仍停留在发展的初步阶段，正在寻求 A 轮投资。

但这并不意味着起步阶段的住房租赁企业很难在这个行业中"出头"，它们实际上是行业中的"鲶鱼"，在不断追逐着"前辈"。在这个过程中，小企业奋力向前，大企业感受到危机，也时刻不敢松懈，行业内部被彻底激活。

从冷兵器时代到热兵器时代

2019 年 11 月 5 日，住房租赁企业青客公寓宣布以"QK"为股票代码在美国纳斯达克股票交易市场挂牌上市，成为住房租赁行业赴美上市的第一品牌。

此次上市青客公寓以每股 17 美元的价格发行 270 万股美国存托股票，与之前公布的发行规模相比，下调将近一半，募资总额约为 4590 万美元。蛋壳公寓紧随其后，于 2020 年 1 月 17 日以股票代码"DNK"登陆美国纽约证券交易所。

各住房租赁企业拼抢上市时间，为何青客公寓却能先自如、蛋壳公寓一步成功挂牌上市？这还得从青客公寓的法定代表人金光杰说起。

身为法学硕士的金光杰曾在做律师时就开始涉足投资行业，自创办青客公寓之始，他就一直按照上市公司的要求，确保企业投资不断，这是他所认为的创业成功的秘诀之一。对于青客公寓来说，成为摩根士丹利管理的私募基金在中国投资的首家住房租赁企业对其赴美上市颇有帮助。

而在本身的扩张模式上，相比其他同类企业的不断融资，青客公寓小步快走，自成立后保持每八九个月一次的融资节奏，且每次融资金额不大。即使是此次赴美上市，融资规模也低于一亿美元。青客公寓没有一次性融资稀释股权，"这样的扩张路径，相比链家、蛋壳更老道"，房东东创始人全雳如此评论道。

彼时的住房租赁行业早已陷入水深火热的状态中。2019 年是住房租赁行业的多事之秋，行业经历大洗牌，连续多家住房租赁企业出现资金问题。不少人认为，此时若出现一家成功上市的企业，对行业或能产生正面推动作用。自如和蛋壳公寓已先后传出筹备上市的消息，对于青客公寓来说，如若不加紧步伐，被自如和蛋壳公寓抢先上市，就会陷入被动，甚至可能无法上市。于是便有了这个被业内人称之为"流血上市"的行动。

金光杰在青客公寓上市后接受采访时谈道："上市是从冷兵器时代发展到热兵器时代。"虽然他用一个"贵"字来形容此次赴美上市，但对于上市可能给青客公寓乃至整个行业带来的改变，他颇为兴奋。青客公寓的副总裁也在上市当日发文称："青客新起点，租赁大未来！"

2012 年青客公寓成立时，最初房源不足 1000 套，到 2018 年年底时，旗下房源已经超过 10 万间，业务范围覆盖上海、苏州、杭州、南京、武汉、北京、嘉兴等众多城市。

但住房租赁企业真的能靠上市"续命"吗？

独立地产经济学者邓浩志认为上市融资可能会在短阶段内缓解青客公寓的资金问题，但盈利模式不确定这个核心问题仍旧存在，上市并不能一劳永逸地解决资金链风险问题。上市虽然打开了青客公寓发展的新局面，但是所有的发展都是要受到市场环境和政策影响，2020 年年初的疫情以及持续两年的防控措施，给多事之秋的租赁企业带来了更大的变数，整个行业的租赁企业消失了近一半，就连 2020 年年初刚刚上市的蛋壳，也在坚持不到一年的时间里销声匿迹。

尽管有着上市的背景，青客公寓也还在为业绩的发展而努力，并未走出阴霾。自如走了一条与青客公寓全然不同的道路，其 CEO 熊林认为："上市是企业的一种能力，不上市其实也是一种能力。"魔方生活服务集团 CEO 柳佳则认为："资本赋能对于住房租赁行业来说，是一把双刃剑，既能够增加收益，也可能放大风险。"

上市究竟是住房租赁企业"更上一层楼"的助推器，还是其加速瓦解的催化剂，并不能以青客公寓这一个案例作为唯一评判标准，未来发展如何，尚且不得而知。

但唯一能够肯定的一点是，随着时代和行业的发展，资金、房源等都开始向"头部玩家"靠拢，住房租赁行业的准入门槛正在逐步提高，马太效应日益凸显。住房租赁企业要想取得突破，必须得在精细化运营、降低成本、提升运营效率等方面下功夫，将企业发展放在金融场景、市场需求和政策导向等大背景下运营。

正本清源，以树公信

据不完全统计，2019 年有 50 多家中小规模住房租赁企业因经营不善、资金链断裂等问题出局。

早在 8 月份 2019 博鳌房地产论坛的"博鳌大讲堂"中，甘伟就已经发表过看法："除了开发商要做长租业务之外，其他机构来做这项业务的已经不多了，这个行业现在处于一个冷静期，与前年的情况不一样了。"

潮水退去，才知道谁在"裸泳"。此前隐藏在"风口"之下的一些企业，在"风口"红利逐渐消退后，开始搁浅，缺少水的滋润，最终躺倒在沙滩上奄奄一息。

在此状况下，行业开始探索新的发展机遇。

11 月 9 日，房东东以"正本清源，以树公信"为主题，在上海召开了中国第三届品牌公寓 CEO 年会。

"正本清源，以树公信"是全雳受到自如 CEO 熊林启发得出的，他认为目前住房租赁行业不缺资金、租客和优质产品，却缺乏公信力。

全霁说，根据他的统计，2019 年还未结束，就已经有约 44 家长租公寓"暴雷"，这些"暴雷"的企业，几乎都是没有正规运营标准和融资渠道的小型二房东式的租赁机构。尽管如此，这些机构的倒闭还是对整个住房租赁行业造成了不小的打击，一时间可谓"人人自危"。

虽然行业洗牌是发展过程中必然经历的阵痛，也是行业更加规范的重要标志，但住房租赁行业关乎人们最基本的"住"，是民生行业，一旦出现问题，租客便首当其冲。这对于住房租赁行业的整体口碑营造来说非常不利。因为只要一家住房租赁企业"暴雷"，公众往往会认为所有的住房租赁企业都存在类似风险，从而丧失对整个行业的信心。

因此，在行业发展过程中，谨慎做出每一个举措，重塑行业公信力，是十分有必要的。

在此次 CEO 年会上，超过 30 位住房租赁企业的 CEO 到会分享经验，内容涵盖了经营初心、运营干货、行业发展、产业链共赢等多个方面，获得了近 600 名品牌长租公寓、开发商、地产研究机构以及产业上下游等专业观众的鼎力支持。

魔方生活服务集团 CEO 柳佳在会议上提出几点倡议："第一，加快建立住房租赁行业标准；第二，积极对接政府租赁管理平台；第三，切实维护房东和租客的权益；第四，理性合规使用金融工具。希望行业在所有从业者的精心呵护下越来越好，真正为我们的客户，为我们的企业，为我们的国家创造价值，创造美好生活。"

这次会议召开正逢青客公寓上市，其 CEO 金光杰在会上表示，希望大家能够理性看待行业中的失败案例，也希望全行业共同努力，建立行业公信力。

建立行业公信力，其落脚点在于保障租客利益。租客利益得到保障，自然而然会维护住房租赁行业的口碑。

对此，全霁认为首先应该建立底层架构，提供法律保障。中国拥有庞大的租客群体，且每年都在增长，但对于租客权益保障的法律法规很少，没有法律明文规定，全凭行业自我约束，将很难使租客的利益真正落实到位。

另外，应该进行租客入住审核的担保，这是利用权威第三方机构，提供租客的征信体系。对租客的信用进行考核，这是住房租赁企业规避自身潜在风险的一种手段，也是将矛盾冲突弱化的重要方式。对租客的筛选，能够让住房租赁企业不至于因为一些失信租客而丧失一定口碑。

阳光下，再出发

2019 年 12 月 2 日，另一个行业会议也围绕诚信发展召开了，即第一届中国住房租赁企业家领袖峰会白云山论坛。会议在广州召开，这是行业内第一次如此大规模的聚集，也因为凤凰网的全程直播，超过 20 万人实时观看了本次会议。

作为国内颇具权威性的关注住房租赁发展的专业论坛，白云山论坛致力于推动住房租赁行业良性发展和资源整合，通过探讨行业热点，发掘行业增长潜力，引发大众对住房租赁、城市更新以及人类生活方式的一些思考，最终促进中国住房租赁及其产业链的高质量、深层次、可持续发展。

广东省公寓管理协会、广州市房地产租赁协会会长刘昕代表主办方发言致辞："全民住有所居的远景固然十分美好，但同时也一定伴随着巨大的挑战。我们租赁人要坚持走在规范发展的路上。只有在阳光下，才能更好地再出发！"

这一致辞为本次论坛奠定了积极向上的基调，在行业发生大洗牌后，很多住房租赁企业从业者实际上内心一直不太安定，对行业未来发展也心存疑虑，在此基础上，刘昕提出"阳光下，再出发"的理念，能够帮助住房租赁行业重拾信心。

随后，中宣部原新闻局副局长武家奉为大会致辞，他认为住房问题是关乎民生的头等大事，租房方不方便，租金稳不稳，直接关系到人们的幸福感和归属感。白云山论坛是住房租赁行业的盛事，中国住房租赁的健康可持续发展是聚焦民生所盼。租赁人要继续深耕住房租赁市场，解决社会民生问题，实实在在为社会解决痛点，为全民住有所居而努力奋斗。

在本次论坛上，一个颇为震撼、意义深刻的环节受到了众人关注，即全国 18 省、市住房租赁行业千企宣誓。宣誓内容如下：

1. 严守法律底线，自觉遵守国家相关法律法规和政策；

2. 坚持诚信为本，强化服务意识，共同建立诚信经营体系；

3. 提倡"竞和关系"精神，维护公平、公正、合理的竞争秩序；

4. 切实维护消费者合法权益，提升整个社会对本行业的满意度；

5. 办事高效，流程透明，明示服务项目、收费标准、顾客须知等；

6. 维护市场秩序，为消费者提供安全、放心、满意的租赁服务；

7. 建立和完善沟通机制，全面提升服务水平，促进行业高质量发展；

8. 尊重人才，爱护人才，保障员工合法权益，维护人才合理流动；

9. 加强制度建设，建立健全行业标准，配合政府相关职能部门工作；

10. 强化责任担当，自觉维护社会稳定，为实现人民群众对美好生活的向往而努力奋斗。

时至 2019 年，中国住房租赁行业早已从野蛮生长期转向了理智规范期，如果依旧任由行业内的不诚信行为发酵，那么整个行业都将面临倾覆的危险。千企宣誓是住房租赁企业对自身、对租客、对国家的承诺，是希望行业规范发展、诚信经营的期盼。

"人无信不立，业无信不兴"，任何业务开展的前提都是双方的诚信，住房租赁行业的发展同样要以诚信为基石。

2020 年　遇冷

"屋漏偏逢连夜雨，船迟又遇打头风。"转变来得太快，就好像一下从炎炎烈日进入冽冽寒冬，刚刚还在经受烈日炙烤的企业，倏忽间又被冰封。学会在"四季更迭"中适应，在天气转换中灵活地"增减衣物"，是生存下去的必备技能。

黑天鹅飞过

没有任何一个行业是只有"甜枣"的，当"巴掌"落下来的时候，只接受"甜枣"的人会被瞬间"拍晕"。

2020 年春节期间，新型冠状病毒感染的肺炎肆虐中华大地，各行各业都受到了巨大冲击。突如其来的"黑天鹅[①]"打乱了整个住房租赁市场，原有的计划和制定的战略一夕之间倾覆，且复工复产的时间难以预计。

蛋壳的"暴雷"就基于此。蛋壳公寓以高于市场均价的价格获取房源，再以低价房租获客，随后将租客的租金打造成金融产品，再将这些金融产品投入金融市场，以拿到更多资金，获取更多房源……

理论上这一循环虽然是能够维系下去的，但遭遇疫情是所有人始料未及的。疫情期间，一方面人们的租房需求被抑制了，房源空置率上升，再加上收入状况受到影响，一部分人开始无力承担房租；另一方面，住房租赁企业依旧要按照约定支付给房东租金，这两者之间形成了收支倒挂，蛋壳公寓无法获得充足的资金维系下去，于是走在钢索上的蛋壳公寓，瞬间掉落悬崖，粉身碎骨。

要知道，蛋壳公寓 2020 年 1 月刚刚在纽交所上市，据不完全统计，旗下房间超过 40 万间，2015 年成立以来房间数增长 166 倍。蛋壳的招股书显示，2017 年营收 6.56 亿元人民币，2018 年营收 26.75 亿元人民币，2019 年前 10 个月总营收为 57.13 亿元人民币。蛋壳公寓上市时总计募集资金超 1.49 亿美元，市值可达 27.4 亿美元。如果不是遇到疫情，很难说蛋壳不会安然无恙地维持其"繁荣"的假象。

大厦顷刻间崩塌，不仅会砸伤经营者，租客也会被"掩埋"。一年半载的租金或许听起来数额不多，但对于那些刚刚毕业的年轻人而言，这个教训已经足够大了。

疫情过后，为了缓解疫情对经济增长和企业发展的影响，政府会采取更为宽松的货币政策，如降低存款准备金率，或是通过发行一些消费券的方式，刺激大众消费，以助力经济恢复。

否极泰来，踉踉跄跄走到现在，经历过风口袭来的迅猛增长，也有过寒冬来临的倾覆式洗牌，此刻正在举起盾牌，奋力抗击猝然发生的"黑天鹅事

---

① 黑天鹅：指非常难以预测且不寻常的事件，通常会引起市场连锁负面反应甚至颠覆。

件"。一个又一个市场幻影的破灭，从根本上昭示了这个行业的真实面貌，住房租赁行业基于民生而来，无法脱离线下实体完全实现线上运营，对于从业者而言，一砖一瓦、脚踏实地的经营是实现更大发展的根本前提，时刻保持理性才能战胜盲目热情或过度悲观。

并购式"强心针"

2020 年，众多住房租赁企业频频"暴雷"，倒在了这一年，这给整个行业都蒙上了一层厚厚的阴霾，许多活下来的企业似乎都变得有些畏畏缩缩，它们观望着整个行业的发展，不敢轻举妄动。

当整个行业都处于一种低迷的状态时，11 月 30 日，长租企业自如宣布已经完成了对贝客青年精品公寓的并购，这则消息一经传出，整个行业都沸腾了。在业内人士看来，自如的这一行为无疑给众多正处在"寒冬"中的长租公寓带来了一丝温暖，整个行业此前被蒙上的阴霾也正在渐渐散去。

创业七载，贝客终究投身自如。

贝客青年精品公寓创立于 2013 年年底，是一家专注于精品长租公寓的运营商，主要用户群体是都市白领，在被自如宣布并购之前，已经在全国拥有了 31 个项目，房源达 5000 余间，分布在北京、上海、南京、苏州、徐州等地。2019 年完成 A 轮融资后，贝客青年精品公寓的估值达到 6.25 亿元。

而自如原是链家的一个事业部，成立于 2011 年，并于 2016 年宣布独立投身于住房租赁领域进行长期深耕。目前自如已累计为近 50 万业主、400 万自如客提供服务，管理房源超过 100 万间，是目前国内长租行业的领头羊。自如引入泛大西洋、华平、红杉、腾讯等多方投资，为其布局住房租赁市场赢得了更多合作伙伴。

自如战略并购贝客，其底层核心是多年来建立的稳健经营基础，战略并购行为实乃行业低迷期的一剂"强心针"，但不得不承认的是，自如是成功的。在谈及此次并购行为时，自如的发言人表示，此次交易有助于快速提升自如在核心城市的集中式公寓规模，在不同目标市场落地多品牌策略。此次并购完成后，自如将在北京、上海、广州、深圳、南京等城市运营 50 余个集中式公寓项目，而截至 2021 年 9 月，自如在全国的集中式公寓项目已达到 65 个。

事实上，贝客公寓 CEO 魏子石在 2020 年年初就曾"预言"过结局，他向媒体公开表示："疫情会推动行业格局变化，加速经营力差的企业的'爆仓'和被并购。"在意识到行业将迎来众多变数的情况下，他选择了"弃车保帅"，投向自如的怀抱。

而业内人士也认为，虽然今年众多住房租赁企业面临诸多困难，但是自如在这个风口完成对贝客青年精品公寓的并购，也从另一个角度说明了并非所有的长租企业发展都停滞了，行业内还是有一些具备雄厚实力的企业，整个行业的发展还是比较有前景的，只不过在后续的发展过程中需要积极调和各方的关系，真正做到考虑房东、租客的切身利益，为他们提供更好更优质的服务，赢得客户的信赖。

比如，除了并购贝客青年精品公寓外，自如还推出了两个大型租赁社区——广州凯得家自如里和上海其灵自如里。这两个大型租赁社区均超过 1500 个房源，配备共享办公空间、便利店、咖啡馆、书吧等生活配套设施，在上线半年后实现 100% 满租。

无论是并购贝客还是推出自如里社区，自如的这一系列举措都在打破行业对自如"只做分散式，不做集中式"的刻板印象。而这背后，一方面是自如多年来在规模、品牌、口碑等分散式房屋管理上积累的经验和综合实力，有效作用于集中式公寓上，进而发挥更高效的运营服务能力和管理能力，从而达到更高的出租效率；另一方面是自如集中式项目以非自持物业为主，具备更灵活、更多元的发展特点。自如的数据也有所印证，截至 2021 年 8 月，自如 65 栋集中式项目整体出租率超 98%，项目类型包括 6 个保障房项目、33 个商改租项目、2 个大型租赁社区等。同时，60% 房源实现零空置周转。

重建信任大厦

2020 年 9 月，为了提高住房租赁立法质量，住建部正式出台《住房租赁条例（征求意见稿）》，向社会各界公开征求意见。

住建部之所以颁布这一条例并采取相关举措，主要是因为自 2020 年开年以来，在行业规模增速放缓，企业分化加剧的情况下，部分住房租赁企业开始"钻法律的空子"，披着"占领市场""扩大规模"的外衣，通过"高进低出""长收短付"等做法进行违法经营活动。

最终导致的后果便是房东收不到房租、租客背上贷款，双方的权益被严重损害，房东、租客以及住房租赁企业之间的信任危机达到顶峰，信任大厦岌岌可危……

而这一系列的操作将住房租赁企业推到了风口浪尖，不仅激起了社会各界的广泛讨论，也引发了监管部门的关注。

在这个当口，很多住房租赁企业都仿佛置身事外一般，不约而同地选择了"闭口不言"。而作为业内首家单城市获得规模化盈利的住房租赁企业头部品牌，优客逸家在这个节点上率先提出了房屋信托管理概念，将"信息透明、费用透明、过程透明"作为其核心理念，试图让房屋托管走向"阳光化"的新局面，进一步保障房东和租客的相关权益。

什么是房屋信托管理？优客逸家官网是这样定义的：运用信托理念重构房东、租户与租赁企业三者之间的关系，倡导房东适度参与、监督房屋运营情况，租客对房屋知情，租赁企业回归"房屋管家"角色，保障各方利益。

简单来说，就是弱化了住房租赁企业的角色，在这一模式下，房东有了更多的参与感，不仅可以参与房屋租金定价，还可以与租客直接签署房屋租赁协议，更重要的是租金可以通过银联等渠道由租客直接向房东进行支付，不在优客逸家停留。

这无疑大大提升了房东与租客两方的安全感，他们可以不用再担心住房租赁企业因为"暴雷跑路"的问题。

而且优客逸家的房屋信托管理还针对房屋出租后的服务进行了升级，不仅提供后续的合同管理、账单管理服务，还额外提供保洁、维修等相关服务，可以说是切实让房东和租客体会到了什么是真正的安全、省心和透明。

这一模式除了能够很大程度上提升用户留存率，还能够为企业本身提供更多增值的可能。

原先的房屋托管模式有一个非常大的缺陷，大多数沿用这种模式的住房租赁企业采用的都是重资产的运营模式，而这也是那些"暴雷"的企业铤而走险的主要原因。

因为在这种模式下，资金投入过大，导致"底盘"过大，当遇到问题时如果自身不够灵活，难以周旋开来，就很容易造成资金链断裂，最终只能一步步走向"灭亡"。

而优客逸家首创的房屋信托管理新模式则可以很好地规避这一风险，因为它更多采用的是轻资产运营模式，让住房租赁企业从房东和租客之间抽离出来，自己只承担"房屋管家"的身份，这样一来就大大减少了自己的资金压力，自己则更多地专注于为房东和租客提供更多的延伸服务，如房屋智能化管理、租赁策略咨询、二手房交易、金融服务以及租后服务等。而且随着租房主流群体越来越趋向于年轻化，这些延伸服务的价值会进一步增长。

优客逸家非常有先见地意识到了这一点，作为一家主要面向年轻群体的住房租赁品牌，优客逸家成立十年来积累了非常多年轻的客户，根据他们以往的经验，这类客户通常具有高频的消费需求，对居住环境和生活品质的要求都比较高，比起租金利差，显然这一系列的延伸服务更具有生命力，发展空间也更大。

总而言之，随着相关政策、法规的落地，我国的住房租赁行业会越来越规范化。与此同时，各企业的管理也要更加规范化，方可适应行业发展的脚步，否则就会被行业所淘汰。在这一背景之下，优客逸家提出的房屋信托轻资产运营管理模式势必会成为住房租赁企业的主流运营模式，将为行业的发展提供更加丰富、多元的发展思路，促进整个行业欣欣向荣。

30亿英镑的加码生意

已过耄耋之年的李嘉诚，继斥资10亿英镑打造英国"香港城"后，他又将视野放在了英国伦敦的住房租赁行业之上。

2020 年 11 月，"李嘉诚正在支持收购英国最大的长租公寓项目——伦敦温布利公园地块"的消息传出，引发业内热议。众所周知，温布利公园是英国伦敦最大的长期公寓项目之一，先由 Quintain 公司投资，后又被 Lone Star 在 2015 年以七亿英镑的价格收购。

该项目于 2017 年正式启动，总价值高达 30 亿英镑，占地 85 英亩，约 34 万平方米，即将新建 8000 套长租公寓。目前该项目已获得了当地政府的 6500 万英镑的投资，预计 2025—2026 年建成，未来将有至少 1.5 万人入住该项目。

早在 1998 年，李嘉诚就在伦敦投资了首个高级公寓项目——皇家门肯幸顿。此后，蓬特威特罗、贝尔格瑞维亚、阿尔贝恩河岸等项目纷纷落成，这些项目在后期发展中也深受英国人欢迎，入住率较高。兴许是尝到了公寓项目的甜头，李嘉诚对投资温布利公园项目有了更多的决心与信心。

事实上，李嘉诚的这一商业举动正值国内住房租赁行业纷纷"暴雷"、遇冷之时，即便覆辙在前，遭受质疑，李嘉诚还是坚信自己的商业眼光，因为他青睐的并非"英国最大"的温布利项目，而是那个"条件可圈可点"的温布利项目。

无论是在国内还是在海外，地理位置决定了住房租赁行业的升值潜力，地理位置优越的项目，无疑能给投资者带来更大回报，而温布利项目刚好具备这一优势。在伦敦，温布利区是著名娱乐中心，各大明星演唱会、世界级的足球比赛都会在温布利区举行。与此同时，温布利项目交通便利，距离温布利公园地铁站、温布利球场仅需 10 分钟步行时间，距离伦敦市中心也仅有半小时路程。

除此之外，温布利项目的租金回报相对可观。

租房是英国民众比较习惯的生活方式，相比于交付昂贵的物业费和市政税，英国很多民众宁愿租房，据英国 BBC 相关报道，早在 2018 年，英国中年租房人数在十年内就已翻了一番，而伦敦也是英国住房缺口最大的城市。

如今，经历过危机后，英国住房租赁行业也强势回暖，据《每日镜报》相关数据显示，截至 2021 年 7 月，英国伦敦的平均月租金已达到 1644 英镑，继续登顶欧洲房租最贵城市。

按照平均月租金 1644 英镑（折合人民币约 14605 元）来算，一年一套公寓就需要 19728 英镑（折合人民币约 175262 元），而即将修建完成的 8000 套公寓，一年就可获得 14 亿人民币的租金。此外，与其他类型的房地产相比，英国住房租赁行业的空置率较低，根据投资机构 M&G Real Estate 的研究，2020 年，英国长租公寓的空置率比其他类型房地产的空置率低 1.7 个百分点。尽管公寓租期都以一年为基础，但实际平均租期却达 3.9 年之久。

与国内"中间商赚差价"住房租赁行业的形式不同，李嘉诚投资温布利项目并不是为了当"二房东"，而是以收租的形式，直接赚取租金。如此一来，温布利项目的管理也更方便，也不存在被广泛诟病的租金贷以及"中介拿钱跑路"的现象了。

然而，在租房市场利好的形势下，各方资本蠢蠢欲动，也想从温布利项目中分得一杯羹。例如被称为英国长租公寓"巨头"的 Get Living[①]、英国房地产投资公司 Henderson Park、德国房地产投资公司 PATRIZIA 也参与了该项目的竞标。这些企业的介入，将会给李嘉诚带来较大压力，毕竟在英国，这些企业的项目熟悉度以及知名度都更具优势。

而作为英国住房租赁行业的"新手"，从未操盘过体量如此之大的李嘉诚团队，要想突破重围拿下这个项目，面临的难度可谓不小。截至 2021 日 8 月 25 日，温布利项目的竞标结果还未尘埃落定，李嘉诚是否能竞标成功，我们也不得而知。

但从这次 30 亿英镑的加码生意中，可以看出李嘉诚对英国住房租赁行业市场的青睐，而他这种在国外斥巨资投资住房租赁行业、撤资国内房地产市场的举动，既让我们看到了未来住房租赁行业的市场前景，也让我们看到了国内住房租赁行业的不足。

---

① Get Living：背后的投资方包括英国开发商 Delancey、房产投资公司 Oxford Properties、卡塔尔财团 Qatari Diar、荷兰 APG、德国 Allianz、瑞典 Alecta、英国养老金 Local Pensions Partnership。2020 年，Get Living 以 2.52 亿注资伦敦东南大型项目，从而收购并管理项目中的 649 套房产，包括其首个共享居住项目。

如今国内租房人数已超 2 亿，越来越多的年轻人选择租房独居，他们认为，房子无论是买还是租，住得好才是关键。所以与英国的住房租赁市场相似，国内民众也有着很大的租房需求，如果国内的住房租赁市场能像英国一样良性发展，那么相信中国的住房租赁行业也将呈现井喷式发展趋势，在"日光"下熠熠生辉。

从英国的温布利项目中，我们也得到一些启示，国内的住房租赁行业要想长久生存，首先选址要正确，即位于市中心或交通便利地区，紧挨商圈，能满足年轻人日常生活需求，也要相对自由，让年轻人在公寓也有固定的社交活动。同时，住房租赁行业要想实现良性增长，要摒弃"房产中介"这一出租模式，规避黑中介欺骗租客的情况发生。

总而言之，李嘉诚这次投资事件刷新了我们对住房租赁行业市场的认知，面对"爆冷"的行业，我们不能因噎废食，而是要善于学习国外模式，引导国内市场朝着正向发展。

石以砥焉，化钝为利，虽然国内住房租赁行业的市场暂时不容乐观，但长路漫漫，终会有云开雾散之时。

长期主义的艰难与坚守

2020 年 5 月，一家针对住房租赁企业的服务型企业成立了，创始人正是前世联红璞的创办人甘伟。

甘伟在住房租赁行业中颇具传奇色彩。2015 年才入行的他，在短时间内就把世联红璞打造成了全国知名的集中式公寓品牌，在全国 29 个城市有三万多间房。后来他又入职了广东建行参股的建方长租，担任了一年总经理。

从住房租赁企业中跳脱出来，是甘伟深思熟虑后做出的决定。在入局住房租赁行业之前，甘伟一直在房地产行业中活跃。入行租房租赁行业五年，他对于租客的理解，对于房地产和租赁行业的理解，非常深刻透彻，无论是营销策略，还是未来趋势，甘伟的观点都能得到同行的广泛认同。

喜欢思考、善于分析，于是甘伟开始研究行业发展，研究政策导向，并希望给其他住房租赁企业提供一些咨询服务，帮助它们做好定位，做出更适合自身发展的策略。这是甘伟创立小旦咨询的初衷。

在分析住房租赁行业未来的发展趋势时，甘伟认为未来的住房租赁市场中，政策性住房和市场化租赁将并存，同步发展，呈双轨制，其中涉及产业结构、社会治理、群体认知和商业模式的解构和重构。

政策性住房是指一些保障性租赁住房，由政府提供更为优厚的福利，帮助人才解决住房租赁问题。这一判断基于全国各大城市"抢人"大战持续升级的现状，一线城市需要通过人才迭代形成下一步升级。而"新一线"城市对于促进经济发展具有极大渴望，人才是各个城市达成发展需求的重点。

西安、成都等城市是目前"抢人"大战中的赢家，利用更加优越的条件，吸引大量资本和人才入驻，城市面貌有了质的跃升。

杭州市土地交易中心相关负责人在 2017 年就曾表示，未来三年，杭州新增租赁住房总量占新增商品住房总量的 30%，多渠道增加租赁用房供应：一是将租赁住房用地供应纳入年度土地供应计划，结合产业发展和人才引进的需要，确定一定比例住宅用地作为人才转向租赁住房用地；二是配合住保，房管局在商品住宅项目用地中配建公共租赁住房；三是对外以招拍挂方式出让商品住房用地，土地溢价率超过一定比例后，由竞价转为竞自持商品房屋面积。这些政策在吸引人才留在杭州上起到了重要作用。

在政策性住房之外，就是市场上的租赁住房，即住房租赁市场。政策性住房往往只提供给小部分人群，更为广阔的市场依然由住房租赁企业占据。

在住房租赁行业中发展，甘伟认为长期主义非常有必要，他说："长租公寓行业面临很多困难，譬如财务表现、资金差的盈利模式等，到现在为止还没有完全解决。我们可能需要长期主义，而当周边的人都是短视时，我们也只能长期主义，这是心态。"

在任何行业中，半途而废都是常态，长期主义才是稀缺。长期主义的核心奥义是仰望星空，但脚踏实地。

长期主义并不是在自己的舒适圈内故步自封，而是站在巨人的肩膀上向上攀登。企业要想弯道超车，需要一个强劲的帮手。甘伟希望自己就是那个托起企业的巨人，虽然他也是站在巨人的肩膀上的。企业在力所能及的范围之内，找到最厉害的合作者，不是走捷径，而是明智之举。

烧不死的鸟是凤凰

11 月 13 日，全国 18 省市住房租赁行业协会联合主办，广东省公寓管理协会、广州市房地产租赁协会承办的第二届中国住房租赁企业家领袖峰会——白云山论坛召开，"守正创新，破局新生"是本次论坛的主题。

广州市住房和城乡建设局副巡视员郭文平、广州市住房和城乡建设局局长王宏伟、广东省住房和城乡建设厅住房发展与房地产市场监管处处长陈必暖、广州市住房和城乡建设局房地产业管理处处长周蓓、广州市房地产租赁管理所所长杨维龙、建设银行广东省分行副行长梁海燕等领导出席了会议。

"今天来参会的都是杀不死的鸟。"这是佳兆业集团控股副总裁、首席经济学家刘策在发表演讲时说的第一句话。台下笑声一片，午后的乏意顷刻间烟消云散。经历过危机然后存活下来的企业家们，此刻坐在这里心中都会感到五味杂陈。

一方面，坐在这里的企业家们，会暗自庆幸自己能够从危机中坚守下来；另一方面，对于未来住房租赁行业如何发展，生意是不是好做，内心也存在隐隐的担忧。一路走来，酸甜苦辣尝遍，且未来也并不一定能够一直"甜"下去。

有的企业家在台上直呼："今年生意更难做了，还没感受到旺季行情，淡季又来了。"的确如此，住房租赁行业似乎更擅长打"顺风局"，当一切顺风顺水时，行业也就一片红火；可当局势逆转，开始逆风而行时，这个行业很快变得艰难起来。如何在上承业主下接租客的衔接中寻得生存机会，是每个住房租赁企业都要承受的压力。

穆林教授一开口便道尽了住房租赁行业的苦楚："从来没见过这么穷的一个行业，要钱没钱，要人没人。"事实上，这是所有行业都会面临的共性问题，对于住房租赁行业而言，要想解决这一问题，可能还需要等待。

图15　穆林教授在论坛上发布讲话

穆林教授认为，一切的问题，都源于租金太低了。租金涨了，一切问题就消失了。如果疫情控制得当，明年3月份住房租赁市场一定会回暖反弹（编者注：2021年9月，各地租金上涨现象已经出现，北京、上海、杭州、成都等热点城市租金同比上涨超过20%）。

密集的演讲结束后，所有人都能感受到一个信号：住房租赁市场肯定是长期向好的，但需求释放有待时日。

对于困难和委屈，柳传志曾说："人生在世，注定要受许多委屈。而一个人越是成功，所遭受的委屈也越多。要使自己的生命获得价值，就不能太在乎委屈，不能让它们揪紧你的心灵。要学会一笑置之，要学会超然待之，要学会转化势能。智者懂得隐忍，原谅周围那些人，让我们在宽容中壮大。"

而任正非用了一句更简单的话语表达了同样的意思——烧不死的鸟是凤凰。这是华为一贯秉持的原则。

伟大的背后都是苦难，成为强者前，必然要经历痛苦的淬炼。住房租赁行业的同仁们显然也深知这些道理，住房租赁市场是长周期行业，不是想跑得快就可以跑得快的行业。大家普遍认为，现在并不是一个可以无限扩大规模的好时机，而是修炼内功的阶段。"顺风局"就应当乘胜追击，"逆风局"则需要先调整自身，默默提升，等一个翻盘良机。

越来越多的住房租赁从业者更加理性，他们心平气和地静下来，回归经营的本质，探讨可持续的、可复制的盈利模式。

作为本次白云山论坛的重磅环节，当天隆重举行了中国住房租赁诚信守约经营企业公会揭牌仪式。公会的成立意义非凡，它表达了住房租赁行业诚信守约经营的决心，不仅有利于加强企业诚信自律，营造放心租赁环境，而且有利于对住房租赁市场进行规范，严厉打击扰乱市场秩序行为，减少及杜绝短期逐利、失信等行为，有效保障各方合法权益。

图16　中国住房租赁诚信守约经营企业公会揭牌仪式

风沙迷眼，不如暂时停下，看清前路，再继续前行。若是在滚滚黄沙中行走，很容易便会迷失方向。

中国住房租赁行业虽然短期内受阻，但是整体向好发展，就像一颗新星还在冉冉升起中，光明总会来临。

阳光总在风雨后，我们相信，中国住房租赁企业一定能立足当前，拥抱变化，坚定不移做大做强做优，实现新一轮的跨越发展，稳稳托起人民群众的"安居梦"。

2021 年　走向美好

在一片本不属于自己的天地里，呼啸而起，创造奇迹，大抵算得上是"强人"。然而，能够在一鸣惊人之后，竭力地遏制其内在的非理性冲动，迅速地脱胎换骨，以一种平常的姿态和形象持续地成长，才算得上是真正的大英雄。

大概是源于东方人骨子里的浪漫，我们总在渴望身边能发生一些不可思议的事情，并且乐于在机遇出现时投入全部的自己，分秒必争地换取一份令人血脉偾张的奇迹。中国住房租赁行业，就是在这样一种特殊、宜于奇迹萌芽的土壤里蓬勃生长。

这里，我们需要研究的是：作为奇迹创造者本身，在一鸣惊人之后，如何竭力地遏制其内在的非理性冲动，迅速地脱胎换骨，以一种平常的姿态和形象成为经济生态圈的一分子。

这是一种中庸的回归，但同时更是一种活得更长久一点的生存之道。

从广州视角看中国住房租赁

广州是一座人口净流入的超大城市，改革开放 40 多年来，广州凭借其突出的地理位置优势以及政策支持取得了优异的成绩，已成为具有高度竞争力、辐射力、引领力的全球创新人才战略高地。近 10 年来，广州人口增加了近 600 万，人口增长了 47%，年平均增长率为 3.9%。2021 年，在恒大研究院和智联招聘联合推出的《中国城市人才吸引力排名报告》中显示，广州仅次于上海、深圳、北京，对人才吸引力位居第四。

随着人口逐渐增多，如何解决好 2200 万城市人口的住房问题，成为广州面临的重要难题，国家和地方政府对住房租赁市场愈发重视。

政府为此做了很多努力，首先是发展公租房，筹集保障性安居工程。但广州新市民、青年人群基数大，仅靠政府提供的单一资源，无法大幅度保障所有人的住房。因此，多渠道保障、多主体供给的方式，是广州市解决新青年群体住房问题的重要举措。

2021 年 8 月 18 日，广州市住建局印发《广州市住房发展"十四五"规划》，表明"十四五"期间广州将新增各类住房 131 万套，其中商品房 65 万套，保障性住房 66 万套，包含 60 万套保障性租赁住房；2021 年 8 月 30 日，广州市政府也印发《关于进一步加强住房保障工作的意见》，将重点放在保障性租赁住房上面。

如此大的供应量，广州将如何达成？对这一问题广州市住房和城乡建设局党委书记、局长王宏伟也给出了解答，在接受《南方日报》专访时他说道："首先，我们根据各区人口现状和增长趋势，结合产业布局等情况，将60万套保障性租赁住房目标任务，分解到各行政区，并落实到国土空间规划。其次，我们坚持调动存量资源为主，利用新增资源为辅，同步创新规划、财税金融、审批服务等政策措施，以调动社会多方参与、增加政策支持的方式，探索形成发展保障性租赁住房的多种筹集方式。最后，我们按照不同的筹集方式分类筹集项目，建立项目清单台账，挂牌跟踪督办，确保项目落实落地。"

这些举措有一个基本前提，那就是坚持"房住不炒"定位，保持房地产市场调控政策的连续性、稳定性，不断完善住房市场体系和住房保障体系。

为进一步支持广州市住房租赁市场发展，广州市相关部门根据《财政部 税务总局 住房城乡建设部关于完善住房租赁有关税收政策的公告》制定了《广州市纳税人享受住房租赁有关税收优惠政策的办理指引》，其中对按规定向市、区住房城乡建设部门进行开业报告或备案的从事住房租赁经营业务的企业实行了税收优惠。

住房租赁企业向个人出租住房的优惠政策具体分为三条，一是住房租赁企业中的增值税一般纳税人向个人出租住房取得的全部出租收入，可以选择适用简易计税方法，按照5%的征收率减按1.5%计算缴纳增值税，或适用一般计税方法计算缴纳增值税。住房租赁企业中的增值税小规模纳税人向个人出租住房，按照5%的征收率减按1.5%计算缴纳增值税。二是住房租赁企业向个人出租住房适用上述简易计税方法并进行预缴的，减按1.5%预征率预缴增值税。三是对利用非居住存量土地和非居住存量房屋（含商业办公用房、工业厂房改造后出租用于居住的房屋）建设的保障性租赁住房，取得保障性租赁住房项目认定书后，住房租赁企业向个人出租上述保障性租赁住房，比照适用上述增值税政策。

企事业单位、社会团体及其他组织向个人、专业化规模化住房租赁企业出租住房的优惠政策有两条，一是对企事业单位、社会团体以及其他组织向个人、专业化规模化住房租赁企业出租住房的，减按 4% 的税率征收房产税；二是对利用非居住存量土地和非居住存量房屋（含商业办公用房、工业厂房改造后出租用于居住的房屋）建设的保障性租赁住房，取得保障性租赁住房项目认定书后，企事业单位、社会团体以及其他组织向个人、专业化规模化住房租赁企业出租上述保障性租赁住房，比照适用上述房产税政策。

这一政策的出台，对于广州市的住房租赁企业而言，能够有效帮助企业缓解后疫情时代的经营压力。

在发展保障性住房的同时，广州还注重把居住品质提高，将住房保障与人居环境提升结合起来。从以前的无房可住，到现在有房住，还要考虑居住安全问题、舒适度等，从"住有所居"迈向"住有宜居"。

应对这一举措的是广州市对老旧小区的改造。2021 年 4 月，广州发布了《老旧小区改造工作实施方案》，要求全面摸查 2000 年底前建成的老旧小区，并有序推进改造工作。改造内容分为基础类、完善类、提升类、统筹类。

其中，基础类满足居民安全需要和基本生活需求；完善类满足居民生活便利需要和改善型生活需求；提升类丰富社区服务供给，提升居民生活品质；统筹类则聚力老旧小区改造，推进公共服务覆盖群众身边的"最后一公里"。

"城市不能只讲高大上，不讲烟火气。"在老旧小区改造的过程中，广州既维护了本地居民的需求，也力求让新市民获得幸福感，将新的业态导入老城区，注入新活力。

广州的岭南城市风貌特征明显，融汇了不同历史时期、风格各异的特色建筑，在改造时，这些带有历史底蕴的建筑，需要被完好保留，与新的业态相辅相成。

在广州，老旧小区改造中还有一个重点工程，那就是"都市里的村庄"——城中村的改造。城中村作为时代发展的遗留产物，在很长一段时间内因为租金低廉、交通方便，成为千千万万城市外来人口的主要聚居地。

但城中村也是矛盾的焦点所在，与优越的地理位置和低成本住房优势相对的，是一线天、握手楼、脏乱差的居住环境。

过去的改造方式，是对城中村进行大拆大建，但这种模式不仅居民满意度低，也非常耗费成本，容易造成社会资源的浪费。为了解决这一问题，广州市适时提出城中村"微改造"的更新思路，即在维持现状建设格局基本不变的前提下，通过建筑局部拆建、建筑物功能置换、保留修缮，以及整治改善、保护、活化等更新方式，完善基础设施，改善人居环境。

在发现矛盾、解决矛盾的过程中，广州逐渐摸索出一条适合自身的住房租赁构建道路。同时，广州也对未来的住房租赁市场作出了期待，即加强城市系统性建设、推动住房建设低碳转型、强化建筑节能等。这些新概念、新想法地提出，对于广州而言，是对未来幸福的蓝图描绘。

广州，只是中国发展住房租赁事业的一个缩影，中国有千千万万个广州。在如此利好的政策之下，住房租赁企业拥有更多机遇。

租赁企业是社会企业

匈牙利人发明的"魔方"，与中国人发明的"华容道"、法国人发明的"独立钻石"，被称为智力游戏的三大不可思议。魔方生活服务集团延续了这种"不可思议"，虽然并非表现在智力上。

单纯追求利润和规模，会牺牲企业的未来价值，例如有些企业会为了短期利润最大化，牺牲自身的品牌和声誉，但魔方在这方面一直保持着清醒的头脑。

源清流洁，本盛末荣。2021 年 1 月 26 日，为了响应国家"就地过年"的号召，魔方生活服务集团推出"15 天免费住"公益计划，对因为疫情而产生居住困难的在职一线员工，如医护人员、防疫安检员、快递员、外送员等，提供免费入住服务。

活动结束时，魔方已经为超过 200 名申请者提供了短期居住解决方案。同时这个公益计划将在每年春节期间启动，成为魔方的固定公益活动。

面对这个不同寻常的春节，安歆集团也在思索如何让就地过年的社会劳动者感受到家的温暖。2021 年春节，不少外来务工人员，都响应国家号召，就地过年。为了能让就地过年的住户以及门店的工作人员，过上一个温暖、安心的春节，安歆集团策划了一系列春节庆祝活动。

首先是营造"家"的氛围，在门店布置春节的氛围，如贴窗花、发红包等，还给每一位就地过年的住户都送上了新春伴手礼；其次是开展"线上为主、线下为辅"的互动游戏，邀请住户一起参加线上游戏；最后，安歆还组织了"线上留影赢大奖活动"，住户在社交平台上晒出与安歆的管家小哥哥、小姐姐合影，就有机会获得定制大礼。

这些暖心的春节活动，让身处异乡的住户们，在寒冷的冬日，不再因为缺少陪伴，无法回到家人身边而感到孤单。

春节过后，大部分应届毕业生都面临着找工作、租房子这件大事。2021届全国普通高校毕业生总规模为 909 万人，同比增加 35 万，这个庞大的群体，正头疼着如何轻松、便捷地完成"毕业迁徙"。

面对这一状况，自如在 2021 年 4 月 28 日，宣布正式启动"海燕计划第九季"，面向毕业生提供"月付、免押金、0 元搬家"的租房福利。十年前的应届毕业生看到如此福利，恐怕要惊呼："现在毕业搬家这么简单？"

本季的海燕计划，延续了以往"月付、免押金"的传统，打破了传统租房中约定俗成的"老规矩"——"押一付三"，使得初出茅庐、没有多少积蓄的毕业生们无需在租房时承担大额的首笔租房支出。例如，租一间月租金为 2000 元的房子，如果需要押一付三，就得一次性交给房东 8000 元，而现在自如的海燕计划，让毕业生只用支付一个月的房租 2000 元就够了，大大缓解了毕业生的经济压力。

此外，海燕计划还给毕业生提供了 200 元的搬家补贴，能让绝大部分毕业生实现"0 元搬家"，进一步解决了毕业生搬家的资金压力。

"学长之前就给我推荐了海燕计划，我已经提前一周就开始在自如 App 上看房了，一直在等活动上线。多种优惠组合下来，等于租房的第一个月只需要付单月租金就好了，比起其他租房方式的押一付三，以及房源真假难辨等问题，真的省心轻松了很多。"海燕计划第九季上线当天即下单的一位毕业生表示。

在许多住房租赁企业中，发展公益事业已经如同穿衣吃饭般常见，这是住房租赁行业社会责任感不断提升的重要表现，也是行业的自我优化。

中国住房租赁发展追赶世界水平

如果问到住房租赁行业的从业者们，2021 年住房租赁行业最令你自豪的地方在哪里，一定有不少人会回答：中国的住房租赁行业发展已经在世界上跻身前列。

回顾十年来中国一线城市的住房租赁行业发展状况，从一开始模仿和借鉴世界先进国家的经验，到如今中国住房租赁行业在产品丰富度、租房效率、服务保障、科技与智能化等各个方面的发展，已经赶超世界先进水平。

尤其是在数字化赋能方面，我国的住房租赁机构处于世界领先地位。整个"找房、选房、看房、签约"流程，都十分便捷。主流的住房租赁企业基本已实现 App 移动找房、VR 看房、通勤找房、地图找房等智慧找房方式。甚至连租房合同也逐步"无纸化"，实现 App 线上完成，改善了信息不透明的痛点，让出租更加安全、便捷，也对住房租赁市场的规范化发展起到推动作用。

在今天中国的一线城市，一个年轻人几乎可以说不费吹灰之力，便能完成过去烦琐复杂的租房流程。他可以在网络上，像挑选酒店一样选择住房，不满意的可以立刻划走，满意就作为备选留下来，最终选择一个理想的住房；他看到的所有房源都是真实的，有三维立体实景呈现，可以 360 度观看住房里的每一处细节；选择完毕后，只需要在网络上与房东进行简单沟通，双方达成意向，就可以考虑搬家了；搬家也不麻烦，在网上可以随时找到靠谱的搬家服务，完成所有的支付和交易；一旦房子出现问题，他有非常多的渠道能够反映并解决这些问题；他的房子门锁都是智能的；保洁阿姨定时定点上门服务……

而美国现阶段的租房人群，仍主要通过中介网站、论坛、报纸、社区广告等渠道获取房源信息，日本则主要通过线下中介门店咨询带看方式。

自如 CEO 熊林对此评价道："这不是表明我们做得有多好。我们要面向未来五到十年去思考，我们的不足是什么，我们要向哪里去。过去一年的时间里，这个行业是大浪淘沙，筛掉了很多不健康的因素，让很多问题得以暴露出来，所以我自己觉得现在是一个非常好的时点，中国的长租行业进入了一个健康的、更加稳健发展的时代。"

不仅中国住房租赁行业意识到这一点，国外的同行们显然也察觉到了。10月，韩国驻华使馆公使衔参赞、国土交通官金泰炳率队的考察团来到义乌，对安歆青年社区·义乌启航店进行考察。

图 17　韩国使团考察安歆青年社区·义乌启航店

安歆青年社区·义乌启航店之所以被考察团选中，作为重要考察目的地，是因为这是安歆集团与义乌人才发展集团共同打造的国内首个一站式"企业租住生活服务"园区公寓综合体。

这个公寓综合体，采用了多种人性化细节设计，打造了功能丰富的公共区域，包括共享办公室、大小会议室、培训室、面试间、电子阅览室、共享厨房、健身房、娱乐室、阅读区等，为租客提供了更加全面、多样的生活服务。

韩国考察团在对安歆青年社区·义乌启航店考察后纷纷表示，青年社区设计科学合理，室内空间更注重生活与工作的平衡，社交生活空间能复合利用，为企业节省硬件成本，提供极具创业氛围的交流平台与工作环境，也能满足入住员工在工作和休闲娱乐上的多种应用场景。

当越来越多的"国货"深受人们喜爱时，中国住房租赁行业和企业也在打造出更受国人喜爱的长租公寓，提供更为人性化的服务，这是中国住房租赁行业长足发展的重要前提。

住房租赁的"刚需"扩大

通过与全国总人口 14 亿人对比可以发现，租赁人口已经占据总人口约 1/7，而如果以城市常住人口 8.4 亿为基数，租赁人口占比已接近 1/4。再加上相对应的出租人，以及开展住房租赁经营业务的租赁企业和承接房地产经纪业务的经纪机构，整个住房租赁市场的规模持续扩大，市场规模将达到 1.6 万亿元。

市场规模的扩大，带来的还有租客对高品质租住生活的追求。在居住环境、服务水平上，长租房开始逐渐成为年轻人的首选。

据《2021 中国城市租住生活蓝皮书》数据显示，65% 的租客在选择房子时，将"机构化长租房"位列首位，这一数据相较去年调研时上升 9%。长租房优先选择率上升的重要因素，是大众逐渐认知到长租房相较于普通租房，稳定性更强，操作起来更加便利，大众对于长租房更加了解，更加信任，且对于长租的需求程度上升。

自如研究院发布《2021 年 10 城毕业生租房报告》指出，90% 的大学生毕业后需要通过租房解决居住问题；北深广三个城市毕业生租金预算普遍突破 3000 元，与此同时 90% 的毕业生愿为高品质生活调高预算；房源虚假、二房东失责、找看房麻烦位列城市青年租房困扰前三名，正规、有品质保障的长租品牌已成为八成大学生的租房首选。

《蓝皮书》显示，一线及新一线城市租客租房时间正在变长，已有 75% 的租客租房时间超三年，其中 12% 的租客已超十年。在面向未来的租房意愿中，51% 的租客表示可接受租房五年以上，18% 的租客愿意租房十年。

还有一个非常值得关注的地方，那就是年轻人不再盲目追求"买房才能结婚"，58% 的城市租客表示通过租房结婚也可以建设"小家"。而在机构化长租房租客中，对租房结婚的接受程度更高，达83%。

这是一种理性的回归，中国城市中心总工程师张国华表示，随着人口向城市群及中心城市等优势发展空间迁移趋势日益加快，规模庞大、年轻、教育程度高的"长租人"群体正在"崛起"，他们的住房观念也逐渐从"候鸟式迁徙"过渡到大城市长住。

综合各方因素可见，住房租赁市场未来的租客群体数量规模仍将不断扩大，是真正的"刚需"。

利好政策频出

和广州一样，诸多人口净流入的城市，都在不断完善住房租赁市场，给予市场发展更加合理的利好政策。在利好政策的引导下，住房租赁行业作为历史进程上的重要一环，正向"加快培育"的定位转变。

2020年年底，中央经济工作会议中首次明确提出"长租房"概念，取代"长租公寓"这一说法，并表示要加快完善长租房政策，逐步使租购住房在享受公共服务上具有同等权利，规范发展长租房市场。

2021年3月，《政府工作报告》中也明确指出：通过增加租赁用地供给、安排专项资金、集中建设等办法，增加保障性租赁住房和共有产权房的供给，规范发展长租房市场，缓解城市青年人住房困难问题。

2021年5月，住房和城乡建设部召开发展保障性租赁住房工作座谈会，北京、上海、广州、深圳等40个城市人民政府负责人分两批参加。

40个城市将大力发展保障性租赁住房，促进解决新市民、年轻人住房困难问题列入重要议事日程。由政府给予政策支持，引导多主体投资、多渠道供给，坚持小户型、低租金，重点利用存量土地和房屋建设保障性租赁住房，包括利用农村集体建设用地、企事业单位自有闲置土地、产业园区配套用地和存量闲置房屋建设，适当利用新供应国有建设用地建设，落实了一批保障性租赁住房项目，提出了保障性租赁住房2021年计划。

此外，"十四五"规划纲要进一步表示，加快培育和发展住房租赁市场，有效盘活存量住房资源，有力有序扩大城市租赁住房供给，完善长租房政策。

2021 年《民法典》也对租房新增八项规定，租房新规既保护出租人，也保护承租人。

这些具有明显指向性的政策，是国家对于住房租赁市场宏伟蓝图地逐步描绘，体现出国家对住房租赁这一民生项目的空前重视。

乐乎集团 CEO 罗意曾提道："去年乐乎在北京，加上公积金、社保、税收优惠、补贴等，支出减少了 1000 万多元，这是很直接的体现。税收等利好政策出台，对于从业者的信心提升是非常明显的。"

政策的引导带来了市场的规范，不仅仅住房租赁企业从中获益，获益更大的是广大人民群众。据《蓝皮书》提供的数据报告显示，2021 年上半年全国重点城市长租房租金同比、环比涨跌幅度均较为平稳，其中杭州、天津等部分城市租金环比小幅下降。同时，机构化长租房的租金价格呈现稳定态势，即便在租客租房需求上涨的月份，也未出现波动。对租客群体而言，机构化长租房更具性价比。

迎来"黄金十年"，走向美好租赁

2021 年是中国共产党建党 100 周年，改革开放进入第 43 个年头。改革开放是中华民族发展史上一次伟大的革命，中国跃升成为世界第二大经济体。

作为整个改革大幕中的重要组成部分，住房租赁是社会生产和生活的基本载体，是经济发展的动力来源之一，既关系民生福祉，也关乎经济发展。随着党的十九大报告提出"坚持房子是用来住的、不是用来炒的定位，让全体人民住有所居"的新要求，中国住房租赁在推动经济社会快速发展、构建群众美好生活上发挥着日益重要的作用。

《汉书·元帝纪》载："安土重迁，黎民之性；骨肉相附，人情所愿也。"住房不仅仅是人民安身立命的地方，更寄托着大家对家的眷顾与责任。换言之，住房租赁行业，承担的是新市民、年轻人安居的重大责任。

责任之下，其实是机遇。尤其在这住房租赁行业各种利好因素的综合作用下，住房租赁行业迎来"黄金十年"。

"黄金十年"的到来，能够更好地帮助住房租赁行业走向美好租赁。什么是美好租赁？

2017年，党的十九大报告作出了"中国特色社会主义进入新时代，我国社会主要矛盾已经转化为人民日益增长的美好生活需要和不平衡不充分的发展之间的矛盾"的重大判断，明确指出这个新时代是全国各族人民团结奋斗、不断创造美好生活、逐步实现全体人民共同富裕的时代，并要求"全党同志一定要永远与人民同呼吸、共命运、心连心，永远把人民对美好生活的向往作为奋斗目标"。

自此，"美好生活"成为全社会广泛热议的高频词，而对于住房租赁行业来说，"美好生活"成为租房租赁行业发展的新思路。

当"刚需"扩大、利好政策频出、模式不断创新后，住房租赁行业的发展进入一个新的高潮。

2021年11月，自如研究院携手新华网共同调研编撰的《2021中国城市租住生活蓝皮书》（以下简称《蓝皮书》）正式发布，《蓝皮书》指出，在"发展住房租赁市场"的一系列扶持性政策指导下，目前专业化住房租赁企业在推动租住产品矩阵化发展、居住服务水平提升、数字化技术赋能等方面已初步赶超世界水平。预计在2030年中国租房人口将达到2.6亿，住房租赁市场规模近十万亿元，将迎来行业发展的"黄金十年"。

"黄金十年"的到来，不仅仅是机遇的到来，也是对住房租赁行业的考验。如何开创出人民群众更加喜欢的产品，营造出更加舒适便捷的租房环境，形成互帮互助、和谐相处的竞争趋势，都是住房租赁行业中每一个从业者应当思考的。

"安得广厦千万间，大庇天下寒士俱欢颜"，中国住房租赁前途辽阔，任重道远。

附录一
2012—2021 年住房租赁政策汇编

序号	发布年份	发文机构/来源	政策名称	主要内容
1	2015 年 1 月 6 日	住房城乡建设部	关于加快培育和发展住房租赁市场的指导意见	建立住房租赁信息政府服务平台；积极培育经营住房租赁的机构；支持从租赁市场筹集公共租赁房房源等
2	2015 年 11 月 22 日	国务院办公厅	关于加快发展生活性服务业促进消费结构升级的指导意见	推动房地产中介、房屋租赁经营、物业管理、搬家保洁、家用车辆保养维修等生活性服务规范化、标准化发展等
3	2016 年 2 月 6 日	国务院	关于深入推进新型城镇化建设的若干意见	建立购租并举的城镇住房制度；完善城镇住房保障体系；加快发展专业化住房租赁市场等
4	2016 年 6 月 3 日	国务院办公厅	关于加快培育和发展住房租赁市场的若干意见	培育市场供应主体；鼓励住房租赁消费；完善公共租赁住房；支持租赁住房建设等
5	2017 年 7 月 18 日	住房城乡建设部、国家发展改革委、公安部、财政部、国土资源部、人民银行、税务总局、工商总局、证监会	关于在人口净流入的大中城市加快发展住房租赁市场的通知	培育机构化、规模化住房租赁企业；建设政府住房租赁交易服务平台；增加租赁住房有效供应；创新住房租赁管理和服务体制等

序号	发布年份	发文机构/来源	政策名称	主要内容
6	2017年8月21日	国土资源部、住房城乡建设部	关于印发《利用集体建设用地建设租赁住房试点方案》的通知	确定第一批在北京、上海、沈阳、南京、杭州、合肥、厦门、郑州、武汉、广州、佛山、肇庆、成都13个城市开展利用集体建设用地建设租赁住房试点等
7	2018年4月24日	证监会、住房城乡建设部	关于推进住房租赁资产证券化相关工作的通知	重点支持住房租赁企业发行以其持有不动产物业作为底层资产的权益类资产证券化产品，积极推动多类型具有债权性质的资产证券化产品，试点发行房地产投资信托基金（REITs）等
8	2018年5月28日	银保监会	关于保险资金参与长租市场有关事项的通知	保险公司通过直接投资，保险资产管理机构通过发起设立债权投资计划、股权投资计划、资产支持计划、保险私募基金参与长租市场等
9	2018年9月20	中共中央、国务院	关于完善促进消费体制机制进一步激发居民消费潜力的若干意见	大力发展住房租赁市场特别是长期租赁。总结推广住房租赁试点经验，在人口净流入的大中城市加快培育和发展住房租赁市场。加快推进住房租赁立法，保护租赁利益相关方合法权益等
10	2019年1月18日	财政部、住房城乡建设部	关于开展中央财政支持住房租赁市场发展试点的通知	构建有利于租赁市场发展的政策环境，因地制宜、多措并举发展租赁市场等
11	2019年1月28日	国家发展改革委、工业和信息化部、民政部、财政部、住房城乡建设部、交通运输部、农业农村部、商务部、国家卫生健康委、市场监管总局	关于印发《进一步优化供给推动消费平稳增长，促进形成强大国内市场的实施方案（2019年）》的通知	加快展住房租赁市场，发挥国有租赁企业对市场的引领、规范、激活调控作用，支持专业化、机构化住房租赁企业发展等

序号	发布年份	发文机构/来源	政策名称	主要内容
12	2019年7月18日	财政部综合司、住房城乡建设部房地产市场监管司	2019年中央财政支持住房租赁市场发展试点入围城市名单公示	北京、长春、上海、南京、杭州、合肥、福州、厦门、济南、郑州、武汉、长沙、广州、深圳、重庆、成都进入2019年中央财政支持住房租赁市场发展试点范围
13	2019年12月13日	住房城乡建设部、国家发展改革委、公安部、市场监管总局、银保监会、国家网信办	关于整顿规范住房租赁市场秩序的意见	严格登记备案管理；真实发布房源信息；动态监管房源发布；规范住房租赁合同；规范租赁服务收费；保障租赁房屋安全；管控租赁金融业务；加强租赁企业监管；强化行业自律管理等
14	2020年4月24日	证监会、国家发展改革委	关于推进基础设施领域不动产投资信托基金（REITs）试点相关工作的通知	支持重点领域符合国家政策导向、社会效益良好、投资收益率稳定且运营管理水平较好的项目开展基础设施REITs试点等
15	2020年7月24日	财政部综合司、住房城乡建设部房地产市场监管司	2020年中央财政支持住房租赁市场发展试点入围城市名单公示	天津、石家庄、太原、沈阳、宁波、青岛、南宁、西安进入2020年中央财政支持住房租赁市场发展试点范围
16	2020年9月7日	住房城乡建设部	住房租赁条例（征求意见稿）	规范住房租赁活动，维护住房租赁当事人合法权益，构建稳定的住房租赁关系，促进住房租赁市场健康发展等
17	2021年4月15日	住房城乡建设部、国家发展改革委、公安部、市场监管总局、国家网信办、银保监会	关于加强轻资产住房租赁企业监管的意见	加强从业管理；规范住房租赁经营行为；开展住房租赁资金监管；禁止套取使用住房租赁消费贷款；合理调控住房租金水平；妥善化解住房租赁矛盾纠纷等

续表

序号	发布年份	发文机构／来源	政策名称	主要内容
18	2021 年 5 月 27 日	住房城乡建设部办公厅	关于集中式租赁住房建设适用标准的通知	宿舍型租赁住房建筑内公共区域可增加公用厨房、文体活动、商务、网络宽带、日用品零售、快递收取等服务空间等
19	2021 年 6 月 29 日	国家发展改革委	关于进一步做好基础设施领域不动产投资信托基金（REITs）试点工作的通知	试点主要包括下列行业：8.保障性租赁住房。包括各直辖市及人口净流入大城市的保障性租赁住房项目等
20	2021 年 7 月 2 日	国务院办公厅	关于加快发展保障性租赁住房的意见	保障性租赁住房由政府给予土地、财税、金融等政策支持，充分发挥市场机制作用，引导多主体投资、多渠道供给等
21	2021 年 7 月 2 日	住房城乡建设部、最高人民法院公安部、中国人民银行、国家税务总局、银保监会	关于加强房屋网签备案信息共享提升公共服务水平的通知	大力推行"以房管人、人房共管"，提高流动人口居住登记和人户一致率，实现流动人口管理和租赁房屋管理有机结合、相互促进等
22	2021 年 7 月 13 日	住房和城乡建设部、国家发展和改革委员会、公安部、自然资源部、国家税务总局、国家市场监督管理总局、中国银行保险监督管理委员会、国家互联网信息办公室	关于持续整治规范房地产市场秩序的通知	因城施策突出整治重点：住房租赁。未提交开业报告即开展经营；未按规定如实完整报送相关租赁信息；网络信息平台未履行信息发布主体资格核验责任；克扣租金押金；采取暴力、威胁等手段强制驱赶租户；违规开展住房租赁消费贷款业务；存在"高进低出""长收短付"等高风险经营行为；未按规定办理租金监管等

续表

序号	发布年份	发文机构 / 来源	政策名称	主要内容
23	2021 年 7 月 15 日	财政部、税务总局、住房城乡建设部	关于完善住房租赁有关税收政策的公告	住房租赁企业中的增值税一般纳税人向个人出租住房取得的全部出租收入,可以选择适用简易计税方法,按照 5% 的征收率减按 1.5% 计算缴纳增值税,或适用一般计税方法计算缴纳增值税等

(来源:中国政府网、国务院部门官网)

附录二
2012—2021 年中国住房租赁十年大事记

大事记 I（2012—2013 年）

2012 年

1 月，青客公寓成立，总部位于上海，创始人金光杰；6 月，获得纽信创投的天使投资；12 月，引进汇嘉创投。

2 月，优客逸家成立于四川成都，创始人刘翔；5 月，第一套合租公寓诞生；11 月，获得渡源创投天使轮融资 300 万元。

3 月，财政部表示继续适当扩大房产税试点范围；此前住建部在部署工作重点时，已经将对个人住房征收房地产税作为"房地产领域长效机制建设"任务的一部分，要求配合有关部门加快研究推进对个人住房征收房产税工作。

6 月，住建部网站挂出消息称，住建部将继续坚定不移地抓好楼市调控，积极配合金融部门，继续严格执行好差别化住房信贷政策。

6 月，魔方（中国）公寓管理有限公司成立，正式启动全国发展战略，开始向全国一二线重点城市布局。

6 月，YOU+ 国际青年社区广州凤凰社区正式对外营业，一经推出受到热捧，成为网红公寓。

7 月，中共中央政治局召开会议，要求坚定不移地贯彻执行房地产市场调控政策，增加普通商品房特别是中小套型住房供应，抓好保障性安居工程建设，满足居民合理的自住性住房需求。

10月，《广东省租赁房屋治安管理规定》施行，旨在加强租赁房屋的治安管理，维护社会治安秩序。

10月，新派公寓品牌 CI 亮相，是国内第一家在深交所发行住房租赁资产类 REITs 的长租公寓品牌，创始人王戈宏。

11月，习近平总书记在十八届中央政治局常委同中外记者见面时指出，人民对美好生活的向往，就是我们的奋斗目标。

12月，中央经济工作会议提出，继续坚持房地产市场调控政策不动摇。

2013 年

1月，广州市人民政府办公厅印发《广州市公共租赁住房保障制度实施办法（试行）》，主要规范政府投资公共租赁住房的建设、准入、分配、管理等行为。

2月，国务院常务会议出台楼市调控"新国五条"，重申坚持执行以限购、限贷为核心的调控政策，坚决抑制投机投资性购房，要求各地公布年度新建商品住房价格控制目标。

3月，全国 40 个重点城市个人住房信息系统基本上实现与住建部联网，其中，广州市已于 2012 年提前实现和住建部的联网。

6月，青客公寓商业模式走向 O2O 模式；12月，引进达晨创投。

7月，国务院印发《关于加快棚户区改造工作的意见》，进一步加大棚户区改造力度，让更多困难群众的住房条件早日得到改善。

8月，新派公寓与赛富投资基金联合发起国内首支专业不动产私募基金——赛富不动产基金，成功收购北京 CBD 核心区域独栋物业，改造成新派公寓北京 CBD 旗舰店，成为北京城市更新以及新居住空间的新地标。

9月，优客逸家获得君联资本融资 400 万美元。

9月，《中国流动人口发展报告 2013》显示，2012 年我国流动人口数量达2.36 亿人，平均年龄约为 28 岁，新生代流动人口已经成为流动人口的主体，七成希望落户大城市。

11 月，贝客公寓成立于南京，定位中高端白领租房群体，聚焦青年社群文化塑造，创始人魏子石。

11 月，国土资源部、住房和城乡建设部发布《关于坚决遏制违法建设、销售"小产权房"的紧急通知》，坚决叫停严肃查处在建、在售"小产权房"，明确建设、销售和购买"小产权房"均不受法律保护。

12 月，住房城乡建设部、财政部、发展改革委三部门联合发出通知，要求从 2014 年起各地公租房和廉租房并轨运行，统称公租房。

12 月，中央经济工作会议提出努力解决好住房问题，加大廉租住房、公共租赁住房等保障性住房建设和供给，做好棚户区改造等。

大事记 Ⅱ（2014—2016 年）

2014 年

1 月，安歆集团（前身：安心公寓）第一家门店上海火车站店开业，是国内首家专注为企业员工提供全方位住宿产品的品牌，也是国内员工住宿细分市场的领军企业。

1 月，蘑菇公寓成立；2 月，获得平安创投和 IDG 的 A 轮融资；10 月，获得由海通开元基金领投，IDG、平安创投跟投的 2500 万美元 B 轮融资。

3 月，寓见公寓成立于上海，创始人程远，定位于都市生活住宿连锁品牌公寓；6 月，获得险峰长青天使轮融资。

3 月，杭州住友酒店集团旗下时尚公寓品牌——漫果公寓创立。

4 月，住房租赁行业最早提出轻资产代运营模式的长租公寓品牌乐乎公寓创立，总部位于北京，创始人罗意，首个项目为"寓见 HOME"北京亚运村店；次年，获得东方财富证券天使轮投资。

6 月，水滴公寓成立，为年轻租房群体提供一站式租住解决方案，创始人冯玉光；同年，完成天使融资；次年5月，完成A轮融资。

6月，房屋租赁品牌可遇青年公寓创立于武汉，专注于房屋托管、时尚青年公寓经营，创始人佘福源。

7月，国内首家女性租住社交平台包租婆上线，这是一家全新模式的房屋租赁O2O公司，创始人郭祎。

8月，车库咖啡创始人苏菂加入YOU+国际青年社区成为联合创始人；同年，YOU+获得小米科技创始人雷军的顺为资本领投的1亿元A轮融资，这是资本投资长租公寓被大众认知的标志性事件。

11月，优客逸家获得经纬中国领投，海纳亚洲、君联资本等跟投2200万美元B轮融资。

11月，深圳本土白领长租公寓品牌小螺趣租成立，以B2C的商业模式切入市场，创始人郭宇。

12月，长租公寓综合服务提供商——会找房成立，并获得天使投资，创始人李磊。

12月，函数公寓成立，创始人刘小全，是为年轻人提供创业、学习、生活、娱乐和社交的公寓品牌。

2015年

1月，住房和城乡建设部发布《关于加快培育和发展住房租赁市场的指导意见》，提出建立多种渠道，发展租赁市场，包括积极培育经营住房租赁的机构、支持房地产开发企业将其持有房源向社会出租等。

1月，蛋壳公寓成立，依托于"互联网＋房产＋金融"的发展模式做白领合租公寓。

1月，函数公寓获得和君资本、泰有投资的天使轮融资数百万人民币；8月，完成Pre-A轮融资。

3月，全雳创建中国长租行业第一个自媒体——房东东；次年1月，创办中国第一家公寓培训学院——房东东公寓学院。

3月，安歆集团获得涌铧投资的Pre-A轮融资。

3月，会找房旗下会分期上线；7月，获源码资本和银客 3500 万元 A 轮融资。

3月，寓见公寓获得联创策源、顺为基金 A 轮融资数百万美元；同年 12 月，获得中城投资、毅达资本、西高投 B 轮融资。

3月，Color 公寓获得正轩投资天使轮融资数百万元；12月，获得力合创投、星汉资本 A 轮融资 1600 万元。

3月，58 同城宣布并购安居客；4月，宣布与国内分类信息网站赶集网合并。

4月，汉庭、全季酒店的母公司华住集团和 IDG 资本共同出资创立的城家公寓完成华住酒店集团数千万元战略融资；6月完成由 IDG 资本投资的天使轮融资。

4月，铂涛酒店集团旗下长租公寓品牌——窝趣正式发布，率先在中国全面开启品牌公寓轻资产运营道路，创始人刘辉；5月，获天使轮融资；10月，首家白领公寓"窝趣广州天平架轻社区"正式开业。

5月，优望公寓成立，提出长租公寓行业资管分离模式，创始人丘运贤；同年，优望公寓管理信息系统上线，是全国首个基于大型公寓项目的运营管理系统。

5月，可遇青年公寓获得顺为基金、光谷创业咖啡天使轮融资 1000 万元。

5月，华平资本对魔方公寓进行追加投资 1.4 亿美元，累计总投资额 2 亿美金，估值 10 亿美金。

5月，Warm+ 公寓获得天使轮融资数百万元；9月，获得东方富海等机构 Pre-A 轮融资数千万元。

6月，YOU+ 国际青年社区获得时代地产领投，联创永宣、DST、歌斐资产等跟投的 3000 万美元融资。

6月，青客公寓获得由赛富亚洲领投、纽信创投等跟投的 1.8 亿元 B 轮融资。

7月，如家酒店集团联合红杉资本、易居中国推出逗号公寓，主打长租式青年公寓。这是继华住集团成立城家公寓、铂涛集团成立窝趣公寓后，又一家连锁酒店集团进入长租市场，三者被称为"酒店派"长租公寓的"三驾马车"。

7月，联优科技旗下长租公寓品牌美丽屋成立，提供房屋整租以及合租服务，创始人韩光；曾获创新工场领投的 3000 万美元 B 轮融资。

8 月，小螺趣租获得光速安振领投、途家跟投的 500 万美金 A 轮融资。

8 月，金地商置集团旗下运营长租公寓资产管理机构火花时代注册成立，涵盖长租公寓的拿地、设计、装修、运营及物业管理等全流程业务，后推出"金地草莓社区"品牌。

9 月，我爱我家集团推出房屋资产管理品牌——相寓，提供多元租房产品与综合生活服务，是国内较早提供房屋资产管理服务与长租公寓服务的企业之一。

9 月，A 股上市房地产综合服务商世联行旗下长租公寓品牌世联红璞成立，是专注为解决中国房地产存量物业空置问题而生的创新平台。

10 月，盈家生活获联创、无穹资本、薛蛮子、暴龙资本、长江汇英等多家资本的 Pre-A 轮数千万元融资；同年 1 月，曾获得冯涛、联创永宣、艺龙合投的 550 万元天使轮融资。

11 月，国务院办公厅出台关于《加快发展生活性服务业促进消费结构升级的指导意见》（简称 85 号文），首次点名"积极发展栈民宿、短租公寓、长租公寓等细分业态"，并将公寓定性为生活性服务业。

12 月，中央经济工作会议提出 2016 年国民经济的关键任务是去库存，鼓励自然人和各类机构投资者购买库存商品房，成为租赁市场的房源提供者，鼓励发展以住房租赁为主营业务的专业化企业。

12 月，集中式管理为主的长租连锁公寓贝客公寓获得 2000 万元 pre-A 轮融资，融资主要用于未来在全国各地的公寓开发。

2016 年

1 月，成立于 2015 年 8 月，致力于为年轻人提供"租房＋生活＋社交"解决方案的长租公寓品牌湾流国际青年社区发行 10 亿元长租公寓产业基金。

1 月，安歆集团获得嘉御基金领投，中城投资跟投的 A 轮融资；同年 11 月获得启明创投领投，嘉御基金、涌铧投资跟投的 B 轮融资。

1 月，魔方公寓全国开店数达到 100 家店，成为首个实现百店规模的集中式品牌公寓；4 月，获中航信托领投，华平集团跟投的 C 轮融资 3 亿美元，拟多品牌进军并细分市场。

3 月，新派公寓获华住酒店集团数千万元 B 轮融资，拟联合打造中国版的 Welive。

4 月，爱上租宣布获得巨鲸资本 1.01 亿元 A 轮融资；5 月，开启全国化战略布局，陆续进入上海、南京、苏州等地。

5 月，国务院办公厅发布《关于加快培育和发展住房租赁市场的若干意见》，要求以建立购租并举的住房制度为主要方向，健全以市场配置为主、政府提供基本保障的住房租赁体系，明确要提高住房租赁企业规模化、集约化、专业化水平。

5 月，国内最早进入住房租赁市场的房企万科推出长租公寓品牌"泊寓"，万科长租青年公寓业务"万科驿""万科驿居"等长租公寓业务全面使用统一品牌"泊寓"。

5 月，链家旗下 O2O 长租公寓品牌"自如友家"宣布独立。

6 月，深圳市人才安居集团注册成立，是市委市政府保障深圳人才安居乐业的平台，是深圳市专责负责公共住房投资建设和运营管理的市属国有独资公司。

6 月，水滴公寓完成互联网转型，建立住房租赁一站式服务平台——水滴管家（即"小水滴"），其智慧公寓系统包括 SaaS 管理系统和公寓 IOT 平台。

3 月，麦家公寓成立，致力于打造"智慧公寓、青年公寓、创业公寓"为核心的 O2O 租赁服务共享平台，创始人曾添。

6 月，女性公寓品牌包租婆宣传完成数千万元 Pre-A 轮融资。

6 月，会找房获得京东金融 B 轮融资；8 月，与泰康保险合作，发行业内首单私募 ABS。

7 月，广州市人民政府办公厅印发《广州市公共租赁住房保障办法》，旨在完善本市住房保障体系，加强公共租赁住房保障，规范住房租赁补贴发放和公共租赁住房建设、运营与使用。

8月，龙湖集团推出集中式租赁住房品牌冠寓，以 City Hub（城市资源聚落）理念，将"住、商、办公、社交、服务"等生态化联动一体。

8月，存量物业综合金融服务商魔方金服正式宣布已经完成 9500 万元 A 轮融资，本轮投资由凯泰资本、戈壁创投共同完成。

9月，广东省社会组织管理局正式批复准予成立广东省公寓管理协会；10月，2016 长短租公寓管理与金融发展论坛暨广东省公寓管理协会成立大会在广州召开，YOU+ 国际青年社区联合创始人刘昕担任协会第一届会长。

9月，旭辉瓴寓在上海正式创立；次年，首批柚米寓、博乐诗服务公寓示范区惊艳亮相。

9月，合富辉煌旗下长租公寓项目——创寓首个门店在深圳正式开幕，创寓是合富辉煌集团尝试长租式公寓领域的首个品牌。

10月，住友集团推出酒店长租品牌——候鸟长租，可以让用户以相对便宜的价格在酒店长租，同时又可以盘活酒店闲置空房，签约酒店覆盖经济连锁酒店、三星及四五星高端酒店。

11月，宽寓第一家分公司成立于陕西，创始人毕德生，是国内第一家把合伙人机制运用在住房租赁行业的长租公寓品牌，并从三线城市起步，走向全国。

12月，中央经济工作会议指出，要坚持"房子是用来住的、不是用来炒的"的定位，加快住房租赁市场立法，加快机构化、规模化租赁企业发展。

12月，雅住推出新品牌逗号之家，探索蓝领公寓市场，至此雅住正式运营三条公寓品牌产品线——逗号公寓、青巢公寓、逗号之家。

大事记 III（2017—2018 年）

2017 年

1月，广东省人民政府办公厅发布《关于加快培育和发展住房租赁市场的实施意见》，构建购租并举的住房制度，实现城镇居民住有所居。

1月，长租公寓运营商魔方公寓成功设立"魔方公寓信托受益权资产支持专项计划"，募集资金总额为 3.5 亿元。这是中国 ABS 发行历史上的首单公寓行业资产证券化产品；8 月，入股深圳 V 客青年公寓。

1月，会找房获得 A 股上市公司联络互动 2.3 亿元的 C 轮融资。

3月，麦家公寓宣布完成数千万元 A 轮融资，投资方为保利资本，本次融资将用于全国战略布局开拓新市场和研发智能硬软件系统等。

3月，蘑菇租房完成 C 轮融资；12 月，完成 C+ 轮 3000 万美元融资，由云锋基金领投，巨人网络集团与蚂蚁金服跟投。

5月，住建部公布《住房租赁和销售管理条例（征求意见稿）》，向社会公开征求意见，这是我国首部专门针对住房租赁和销售的法规，旨在建立购租并举的住房制度，规范住房租赁和销售行为，保护当事人合法权益，保障交易安全。

5月，乐乎公寓宣布完成复兴地产数千万元 A 轮融资。

5月，安歆集团宣布完成 PCP 领投，启明创投、东方富海跟投的数亿元 B+ 轮融资；6 月，全国床位数突破 3 万张。

6月，城家公寓宣布完成由 IDG 资本、华住酒店集团投资的 5000 万美元 Pre-A 轮融资。

7月，住建部等九部门联合印发《关于在人口净流入的大中城市加快发展住房租赁市场的通知》，提出建立租购并举的住房制度，加快发展住房租赁市场；同年，选取广州、深圳、南京、杭州、厦门、武汉、成都、沈阳、合肥、郑州、佛山、肇庆 12 个重点城市作为首批住房租赁试点城市。

7月，广州市人民政府办公厅印发《广州市加快发展住房租赁市场工作方案》（广州租赁 16 条），加快构建租购并举的住房体系，鼓励发展现代住房租赁产业，规范住房租赁市场，并率先在全国推出"租购同权"。

8月，窝趣公寓正式宣布获得由 58 同城领投的 5000 万元 Pre-A 轮战略投资，并对外发布了"深耕一公里"品牌战略。

8月，国土资源部和住房城乡建设部印发《利用集体建设用地建设租赁住房试点方案》，确定第一批在北京、上海、沈阳、南京、杭州、合肥、厦门、郑州、武汉、广州、佛山、肇庆、成都13个城市开展利用集体建设用地建设租赁住房试点，增加租赁住房供应。

8月，水滴管家获中国平安集团旗下互联网房地产平台——平安好房数千万元战略投资，加速布局公寓SaaS+。

10月，党的十九大报告提出，加快建立"多主体供给、多渠道保障、租购并举"的住房制度，让全体人民住有所居。

10月，广州市住建局联合广州市公安局、广州市来穗人员服务管理局发布《关于广州市住房租赁标准有关问题的通知》，提出住房租赁应当符合消防、燃气、结构、治安、环保等方面的标准和要求等。

10月，由广州市住房和城乡建设局主办的广州市官方房屋租赁信息服务平台"阳光租房"（官网http://zfcj.gz.gov.cn/ygzf/index）正式上线，可实现房屋租赁"全过程"服务，保证房源真实、实现价格透明、进一步便民服务是其最大亮点。

10月，在广州市住房和城乡建设局的指导下，广州率先成立第一家市级住房租赁行业协会——广州市房地产租赁协会。

10月，广州市房地产租赁协会与建设银行广东省分行签署金融战略合作框架协议，协助配合建设银行对于广州租赁行业市场三年投放上千个亿的专项扶持贷款工作，支持广州住房租赁行业企业。

11月，工商银行北京分行与北京市保障房中心、城建集团、首开集团、亦庄控股、中粮地产签署住房租赁战略合作协议，未来五年为北京住房租赁市场各参与主体提供总额不少于6000亿元融资支持。

11月，三六五网宣布以1.25亿元入股贝客公寓，并发布判断集中式公寓的"五力模型"，即房源获取的吸附力、产品运营的核心力、融资杠杆的撬动力、团队建设的原动力、推广去化的吞吐力。

11月，广州珠江住房租赁发展投资有限公司成立，其系广州珠江实业集团有限公司的全资子公司，也是市政府重点打造的市属国有住房租赁平台，主要承接市属政策性住房和市场化租赁住房的投资、建设和运营、管理、服务等。

11 月，广州城投住房租赁发展投资有限公司成立，是经广州市政府批准成立的市属国企专业化住房租赁公司，隶属广州市城市建设投资集团，主营业务包括政策性住房业务、城市更新业务和社区物业管理等。

11 月，世联行旗下长租公寓品牌世联红璞首次以独立的品牌形象亮相，并与 58 同城、中城投资等进行战略合作签约。

12 月，中国建设银行集团旗下负责推动广东省住房租赁业务发展的建信住房服务（广东）有限责任公司联合百强房企方圆集团，共同发起设立建方长租，总部位于广州，通过新建租赁住房和改建存量闲置物业为居住性长租公寓。

12 月，碧桂园发布长租公寓品牌——BIG+ 碧家国际社区，融居住、物业、金融、商娱、健康等多元化内容于一体，提供跨区域、跨业态的多元"寓乐"体验；同年，中信银行为碧桂园长租项目开放 4 亿元租赁住宅开发贷款。

12 月，以招商局蛇口为发行人的"招商创融—招商蛇口长租公寓第一期资产支持专项计划"成功获批，是全国首单储架式长租公寓抵押贷款证券化产品。

12 月，新派公寓类 REITs 挂牌上市，是全国首支公寓类 REITs，开启中国权益型住房租赁证券化的大幕，具有重要里程碑意义。

12 月，上海市宝山区规土发布《宝山区首批存量商办项目转型租赁住宅方案完成上报备案，打响培育和发展本区租赁住宅市场第一枪》，全国首例商办改租赁正式落地。

2018 年

1 月，上海市人民政府发布《上海市城市总体规划（2017—2035 年）》，提到"可以将多余存量的工厂、仓库、办公楼、公寓式酒店改为住宅，用作公共租赁住房"。

1 月，自如宣布完成 40 亿元 A 轮融资，由华平投资、红杉资本中国基金、腾讯三家机构领投，刷新了中国长租公寓行业最高单次融资记录。

2 月，会找房与建设银行合资成立深圳建信房管家科技有限公司；7 月，宣布完成腾讯 D 轮战略投资。

3 月，南京市住房租赁行业第一家合资企业——南京安居贝客公寓管理有限公司成立，同年落地南京市首个商业用房改建租赁住房（简称"商改租"）项目——颐和·贝客公寓。

3 月，在国内住房租赁市场率先启动金融创新支持政策的中国建设银行与新派公寓发起成立基于资产证券化的不动产并购基金，初期规模 20 亿元，是业内首个针对长租公寓的并购基金。

3 月，由保利地产和中联基金共同实施的国内首单房企租赁住房 REITs（第一期）成功发行，规模为 17.17 亿元。

3 月，龙湖集团发行第一期 30 亿元的五年期住房租赁专项公募债券，标志着全国首单住房租赁专项债券的成功发行；6 月，与新加坡政府投资公司（GIC，新加坡主权基金）共同设立长租公寓投资平台，首期投资额共计 10 亿美元。

3 月，河南省住房城乡建设厅、省政府金融办联合举办河南省住房租赁投融资研讨暨银企对接会，国开行、中行、建设银行、光大银行分别与住房租赁企业现场签约，签约意向金额达 863 亿元。

3 月，中国饭店协会发布《租赁式公寓经营服务规范》团体标准，陈新华、平安稳、丁志刚、柳佳、穆林等人参与起草。

4 月，越秀地产旗下越秀住房租赁公司推出首个长租品牌——越秀星寓，以"筑梦星未来"为品牌主张，以优居舒适空间和多维全能公区为载体，辅以人工智能、社群运营和全方位的国企安全保障，打造居住、娱乐、办公、社交四位一体的城市筑梦空间。

4 月，青客公寓获摩根士丹利管理的私募基金及凯欣资本联合领投的 C 轮股权融资。

4 月，首个住房租赁资产证券化文件出台，证监会、住房城乡建设部联合发布《关于推进住房租赁资产证券化相关工作的通知》，鼓励专业化、机构化住房租赁企业开展资产证券化，支持住房租赁企业发行以其持有不动产物业作为底层资产的权益类资产证券化产品等。

4 月，安歆集团联合三一重工首次发布园区产品线；6 月获得 PCP 资本领投，启明创投跟投的 B++ 轮融资。

5 月，住建部发布《关于进一步做好房地产市场调控工作有关问题的通知》，要求毫不动摇地坚持"房子是用来住的、不是用来炒的"定位，坚持调控政策的连续性稳定性，认真落实稳房价、控租金，降杠杆、防风险，调结构、稳预期的目标任务，支持刚性居住需求。

5 月，由碧桂园联合中联基金设立的百亿储架租赁住房 REITs 产品"中联前海开源—碧桂园租赁住房一号"第一期资产支持专项计划在深圳证券交易所正式挂牌流通，是租赁住房领域首个百亿级资产证券化项目。

6 月，国内首单民企长租公寓储架式权益类 REITs——高和晨曦—中信证券—领昱系列资产支持专项计划发行，开创了民企长租公寓资产证券化新篇章，推动了不动产证券化的突破创新。

6 月，乐乎公寓完成 B 轮过亿元融资，由翰同资本与鸥翎资本领投，顺为资本跟投。

6 月，贝客公寓正式宣布获专注于房地产轻资产运营服务商股权投资的高和翰同资本数千万元的战略投资。

7 月，世茂集团在上交所发布"世茂—华能—开源住房租赁信托受益权资产支持专项计划"，该项目是全国首单住房租赁储架式租金 ABS 项目，储架规模 10 亿元。

7 月，万科万村租赁住房一号 ABS 项目获批，储架规模 50 亿元，标志着优质住房租赁企业在城中村综合整治和经营方面可尝试运用资产证券化拓宽融资渠道，具有积极的示范效应。

8 月，杭州鼎家公寓宣布破产，不少租客在不知情或未被进行充分风险提示的情况下办理了租金贷，事件将租金贷推上舆论的风口浪尖。

8 月，北京市住建委联合北京银监局等部门集中约谈北京几家大型住房租赁企业，明确要求住房租赁企业"三不得"和"三严查"，其中就包括不得利用银行贷款等融资渠道获取的资金恶性竞争抢占房源。

8 月，保利公寓管理有限公司在粤正式揭牌，是中国保利集团旗下公寓租赁业务的专业运营公司，其成立有利于充分发挥央企带头示范作用，解决社会住房租赁需求。

9月，中共中央、国务院发布《关于完善促进消费体制机制进一步激发居民消费潜力的若干意见》，提出大力发展住房租赁市场特别是长期租赁，加快推进住房租赁立法，保护租赁利益相关方合法权益。

11月，全国首单公共人才租赁住房类 REITs——深创投安居集团人才租赁住房第一期资产支持专项计划成功发行，储架规模 200 亿元，第一期发行规模 31 亿元。

12月，中央经济工作会议再次强调坚持"房子是用来住的、不是用来炒的"定位，完善住房市场体系和住房保障体系。

大事记Ⅳ（2019—2021 年）

2019 年

1月，乐乎公寓中标全国示范性项目——北京大兴国际机场区内住房租赁公寓项目，规划建设为近六万平方米的青年公寓项目。

1月，自然资源部办公厅、住房和城乡建设部办公厅联合发布意见函表示，原则同意福州、南昌、青岛、海口、贵阳五个城市利用集体建设用地建设租赁住房试点实施方案，至此利用集体建设用地建设租赁住房试点城市增至 18 个。

1月，蛋壳公寓宣布，以 2 亿美金（包含现金和债务）全资战略收购知名长租公寓运营商爱上租，涉及原爱上租的全部资产、100% 股权并入蛋壳公寓。

2月，麦家公寓宣布初步完成对原寓见公寓部分资产的重组工作，曾经的上海长租公寓龙头"寓见公寓"正式告别历史舞台。

2月，长租公寓品牌运营商窝趣公寓宣布完成近 2 亿元 B 轮融资，由魔方（中国）投资领投，窝趣管理团队也进行了增资。

2 月，旭辉瓴寓获取上海第一块 R4 租赁用地——张江集团张江纳仕国际社区租赁式住宅项目运营管理权，合作管理总体量 993 套；4 月，携手平安不动产搭建 100 亿元资金长租公寓投资平台；11 月，战略携手江苏高投成员毅达汇景，并签约落地首个租赁大社区项目。

3 月，集中式长租公寓品牌魔方生活服务集团宣布，获得 1.5 亿美元的 D 轮融资并启动轻资产战略，加拿大的机构基金管理公司 CDPQ 为本轮战略投资方，体现了国际投资市场对中国住房租赁行业的期待；。

4 月，公寓 SaaS 管理平台寓小二宣布，完成由贝壳找房领投的 5000 万元 A 轮融资；此前，曾获春泉创投等多家机构的两轮融资。

5 月，企业员工住宿服务平台安歆集团宣布战略并购首旅旗下的长租公寓品牌逗号公寓，全国床位数突破 10 万张；12 月，完成凯雷投资集团领投的数亿元 C 轮融资。

5 月，住建部、国家发改委、财政部、自然资源部发布《关于进一步规范发展公租房的意见》，要求多渠道满足住房困难群众的基本住房需要，不断增强困难群众对住房保障的获得感、幸福感和安全感。

7 月，住房和城乡建设部公示 2019 年中央财政支持住房租赁市场发展试点入围城市名单，北京、长春、上海、南京、杭州、合肥、福州、厦门、济南、郑州、武汉、长沙、广州、深圳、重庆、成都入围。

7 月，广州市规划和自然资源局、广州市住房和城乡建设局印发《广州市商业、商务办公等存量用房改造租赁住房工作指导意见》，要求加快培育和发展住房租赁市场，切实提高租赁住房的有效供给，建立租购并举的住房制度。

8 月，珠海龙头国企之一华发集团旗下华发股份新一代优 + 体系全新业务板块——华发优生活长租公寓品牌正式亮相，首期近 800 套长租公寓率先面世。

9 月，城家公寓宣布完成总额近 3 亿美元的 A 轮融资，本轮融资由博裕资本领投，云锋基金、华住集团、雅诗阁、建银国际等机构跟投。

11 月，长租公寓第一股青客公寓在纳斯达克成功挂牌上市，股票代码为"QK"，成国内长租公寓首个赴美上市品牌。

12月，第一届中国住房租赁企业家领袖峰会·白云山论坛暨中国住房租赁金手指奖颁奖盛典在广州隆重召开；白云山论坛是目前国内权威的关注住房租赁发展的专业论坛，一定程度上代表了行业发展的风向标。

12月，住房和城乡建设部印发《关于印发完善住房保障体系工作试点方案的函》，决定在广州、深圳市等13个城市开展完善住房保障体系试点工作，试点推行政策性租赁住房。

12月，住建部等六部门印发《关于整顿规范住房租赁市场秩序的意见》，明确要求严格登记备案管理、真实发布房源信息、落实网络平台责任、规范住房租赁合同、规范租赁服务收费、保障租赁房屋安全、管控租赁金融业务、加强租赁企业监管、建立纠纷调处机制、强化行业自律管理等。

12月，中央经济工作会议明确要坚持"房子是用来住的、不是用来炒的"定位，全面落实因城施策，稳地价、稳房价、稳预期的长效管理调控机制，促进房地产市场平稳健康发展。

2020 年

1月，广州市住房和城乡建设局印发《广州市发展政策性租赁住房试点方案》，启动政策性租赁住房系统平台建设等一系列措施，积极开展政策性租赁住房试点工作，是全国首个出台政策性租赁住房政策的城市。

1月，旭辉领寓与新加坡政府投资公司（GIC）在沪举行长租公寓投资平台启动仪式，双方共建长租公寓投资平台，规模为5.7亿美元；8月，旭辉领寓全国首个综合型住宅租赁社区——柚米社区落地上海。

1月，互联网长租公寓运营商蛋壳公寓登陆美国纽交所，股票代码"DNK"，成为2020年登陆纽交所的第一支中概股。

1月，广东省公寓管理协会、广州市房地产租赁协会联合发布疫情面前共克时艰的减租倡议书，掀起全国减租潮。

5月，中国建设银行与广州市政府签订战略合作协议，明确未来三年向广州市提供不少于500亿的贷款，专项用于支持发展政策性租赁住房；7月，广州市穗和家园项目在全国率先获得中国建设银行首笔政策性租赁住房贷款，年贷款利率为 4.2%。

7 月，住房和城乡建设部和财政部联合发布《2020 年中央财政支持住房租赁市场发展试点入围城市名单公示》，天津、石家庄、太原、沈阳、宁波、青岛、南宁、西安八个城市入围。租赁财政试点城市由原来的 16 城，扩展到了 24 城。

7 月，住房租赁行业团体标准体系编制委员会第一次工作会议在粤召开；标准体系由广东省公寓管理协会和广州市房地产租赁协会牵头编制，总体框架划分为"运营管理"和"供应链"两个子体系，是"住房租赁经验"的一次总结和输出。

7 月，广州市房地产租赁协会发出倡议，号召住房租赁企业共同抑制"高进低出""长收短付"等高风险经营行为；9 月，发布住房租赁风险提示，提醒市民警惕企业"高进低出""长收短付"带来的风险，防止上当受骗。

7 月，安歆集团并购易企租；11 月，完成与新起点公寓的战略合并，全国门店数超 250 家，床位数超 15 万张，持续领跑中国企业员工住宿服务领域。

8 月，中国居住服务平台第一股贝壳找房正式在纽交所挂牌上市，招股书显示，截至 6 月 30 日，贝壳找房已进驻全国 100 多个城市；此前 3 月，完成 D+ 轮融资，投资方包括软银、腾讯、高瓴资本、红杉资本。

9 月，住建部发布《住房租赁条例（征求意见稿）》向社会公开征求意见，条例包括总则、出租与承租、租赁企业、经纪活动、扶持措施、服务与监督、法律责任和附则等章节，旨在规范住房租赁活动，维护住房租赁当事人合法权益，构建稳定的住房租赁关系等。

9 月，国家标准《租赁住房建设运营标准》编制组成立暨第一次工作会议在北京顺利召开，标准拟适用于新建、改建和扩建租赁住房的建设和运营。

10 月，蛋壳公寓"破产跑路"的消息登上微博热搜；11 月，蛋壳公寓被央视曝出深陷流动性危机；12 月，微众银行公布蛋壳公寓租客租金贷偿还方案。

11 月，《中共中央关于制定国民经济和社会发展第十四个五年规划和二〇三五年远景目标的建议》提出"探索支持利用集体建设用地按照规划建设租赁住房，完善长租房政策，扩大保障性租赁住房供给"。

10月，自如推出大型纯租住社区式产品——自如里，同月"自如里·广州黄埔凯得家青年社区"上线；11月，自如宣布并购贝客青年精品公寓，布局北京、上海、广州、深圳、南京等城市。

12月，广州市住房和城乡建设局印发《住房租赁纠纷调处指引的通知》，指引各出租房屋权利人、承租人妥善处理房屋租赁纠纷，保障租赁当事人合法权益。

12月，《广州市房屋租赁管理规定》正式施行，将进一步规范房屋租赁行为，保护房屋租赁当事人的合法权益，促进房屋租赁市场的健康发展。

12月，中央经济工作会议再次对房地产定调，明确提出"住房问题关系民生福祉"，要求高度重视保障性租赁住房建设，加快完善长租房政策，逐步使租购住房在享受公共服务上具有同等权利，规范发展长租房市场。

2021 年

1月，住房和城乡建设部明确要推动出台《住房租赁条例》，加快完善长租房政策，整顿规范租赁市场秩序，加大对"高进低出""长收短付"以及违规建立资金池等的整治力度。

1月，北京市住房城乡建设委、市发展改革委、市规划自然资源委联合印发《关于进一步加强全市集体土地租赁住房规划建设管理的意见》，要求加强集体土地租赁住房租期、租金等运营管理，严禁"以租代售"情形出现。

1月，中央政法工作会议强调，要高度警惕疫情影响下私募基金、网贷平台、长租公寓等经营风险，完善政法机关与金融机构、行业监管部门协同配合机制。

1月，《北京市租赁住房建设导则（试行）》（征求意见稿）提出，宿舍型租赁住房人均使用面积不得小于4平方米，公寓型租赁住房人均使用面积不得小于5平方米。

2月，广州市住房和城乡建设局发布《关于进一步加强住房租赁市场管理的通知》征求公众意见，要求住房租赁企业在广州市的商业银行中开立全市唯一的住房租赁资金"政银企"三方监管账户，并通过该监管账户收取租金及押金。

2 月，广州市房地产租赁管理所公布 2020 年广州市房屋租金参考价，从居住用房来看，受城市人口规模支撑、交通路网（地铁）完善、出租屋第三方代管模式推广力度加大、租赁需求外溢等因素影响，全市居住用房租金价格整体上涨 0.39%，中心城区下跌 0.85%。

3 月，"旭辉领寓"正式更名为"旭辉瓴寓"，以民生为己任，摒弃过度追求规模的虚名，倾力打造"以客户体验为核心"的高颜值高性价比产品。

3 月，国务院总理李克强作政府工作报告，首提"长租房"，要求坚持"房子是用来住的、不是用来炒的"定位，稳地价、稳房价、稳预期，解决好大城市住房突出问题。

3 月，《中华人民共和国国民经济和社会发展第十四个五年规划和 2035 年远景目标纲》明确要坚持"房子是用来住的、不是用来炒的"定位，加快建立多主体供给、多渠道保障、租购并举的住房制度，让全体人民住有所居、职住平衡。

3 月，全国主要银行信贷结构优化调整座谈会强调，坚持"房子是用来住的、不是用来炒的"定位，保持房地产金融政策的连续性、一致性、稳定性，实施好房地产金融审慎管理制度，加大住房租赁金融支持力度。

4 月，住房和城乡建设部召开保障性租赁住房工作座谈会，北京、上海、广州、深圳、福州、南宁六城市政府参加，要求把发展保障性租赁住房，解决新市民、年轻人住房问题列入重要议事日程。

4 月，国家发展改革委印发《2021 年新型城镇化和城乡融合发展重点任务》，城市落户政策要对租购房者同等对待，允许租房常住人口在公共户口落户。

4 月，广州市政府办公厅印发《关于完善我市房地产市场平稳健康发展政策的通知》，推进落实中央财政支持住房租赁市场发展试点和利用集体建设用地建设租赁住房试点，通过新建、配建、改建等多种方式，多渠道、多主体加快租赁住房有效供给。

4月，住建部等六部门联合印发《关于加强轻资产住房租赁企业监管的意见》，意见明确规范租金支付周期、严控租金贷、严禁长租短付、高收低租等七方面监管措施。

5月，住房和城乡建设部办公厅发布《关于集中式租赁住房建设适用标准的通知》，在工程建设标准方面为集中式租赁住房设计、施工、验收等提供依据。

6月，金地（集团）股份有限公司2021年公开发行住房租赁专项公司债券获上交所受理，拟发行金额50亿元。

6月，《关于上海加快打造具有国际竞争力的不动产投资信托基金（REITs）发展新高地的实施意见》发布，简称"上海REITs 20条"，包括六个方面20条政策措施。

7月，国务院办公厅印发《关于加快发展保障性租赁住房的意见》，明确保障性租赁住房基础制度和支持政策，明确保障性租赁住房主要解决符合条件的新市民、年轻人等群体的住房困难问题。

7月，国家发改委发布关于进一步做好基础设施领域不动产投资信托基金（REITs）试点工作的通知，发布基础设施领域不动产投资信托基金（REITs）试点项目申报要求，其中提到试点行业包括保障性租赁住房等。

7月，财政部、税务总局、住房城乡建设部发布《关于完善住房租赁有关税收政策的公告》，指出住房租赁企业中的增值税一般纳税人向个人出租住房取得的全部出租收入，可以选择适用简易计税方法，按照5%的征收率减按1.5%计算缴纳增值税。

7月，国务院办公厅发布《全国深化"放管服"改革着力培育和激发市场主体活力电视电话会议重点任务分工方案》，要求增加保障性租赁住房和共有产权住房供给，规范发展长租房市场，降低租赁住房税费负担。

7月，住房和城乡建设部等八部门发布关于持续整治规范房地产市场秩序的通知，明确多项因城施策突出整治重点，包含住房租赁方面。

8月，星河控股首个长租公寓类REITs项目"星河郡寓第一期广州亚金中心资产支持专项计划"获批，发行规模超7.3亿元，是2021年以来公开市场首个获批的长租类REITs产品。

8月，深圳长圳公共住房项目主体结构全面封顶，这是全国规模最大的公共保障住房项目，共包含9672套住房，将为近30000人提供高品质居住环境。

8月，《广州市住房发展"十四五"规划》正式发布，以"一个定位、两个愿景、三大目标、四大任务"为主旨，力争筹建和供应城镇住房131万套，努力满足和解决300万人的住房问题。

8月，北京保障房中心成功簿记发行全国首单公共租赁住房类REITs产品——国开—北京保障房中心公租房资产支持专项计划，该专项计划发行总额4亿元。

8月，建设银行广东省分行携手建信住房、广州城投住房租赁、YOU+国际青年社区举行保障性租赁住房战略合作签约仪式暨继园东"工改租"项目发布会；10月，广州住房公积金管理中心在继园东推出按月还房租提取新业务试点。

8月，全国公安机关按照公安部统一部署，围绕寄递物流、长租公寓、民宿、网约房等新业态新领域，有针对性地加强治安管理，推动落实主管部门监管责任、企业单位主体责任。

8月，住房和城乡建设部发布行业标准《装配式内装修技术标准》，装配式内装技术的应用，将提升装修速度、安全环保无甲醛污染、节能减排、空间灵活、美观度高、客户体验好、便于维护、成本降低等优势。

8月，《北京市住房租赁条例（征求意见稿）》发布，对长租公寓监管、租金贷、网络房源发布、群租房违法及违规处罚等问题作出明确界定和规范，这也是继住建部公开住房租赁条例后，首部公开的地方版住房租赁条例。

8月，住房和城乡建设部发布《关于在实施城市更新行动中防止大拆大建问题的通知》，明确不大规模、短时间拆迁城中村等城市连片旧区，导致住房租赁市场供需失衡，加剧新市民、低收入困难群众租房困难。

9月，中国银保监会明确表示金融支持住房租赁市场，指导银行保险机构加大对保障性租赁住房支持，推动保险资金支持长租市场发展，会同人民银行推进房地产投资信托基金（REITs）试点。

9月，国务院新闻办公室发布《国家人权行动计划（2021—2025年）》，明确指出加快完善以公租房、保障性租赁住房和共有产权住房为主体的住房保障体系。

9月，广州市政府办公厅发布《关于进一步加强住房保障工作的意见》，在保障性住房的数量指标、建设用地、资金支持和税费减免等方面提出了一系列的意见措施。

9月，白云金控集团下属子公司广州白云住房投资与白云区龙归街道夏良村经济联社举行前期服务签约仪式，合作开展夏良村集体土地建设租赁住房试点项目。

9月，安歆集团宣布完成数亿元Pre-D轮融资，由前海母基金领投，泰合资本担任独家财务顾问，融资将用于城市端员工住宿业务和园区端配套住宿业务的持续扩张。

10月，兴业银行成功挂牌发行2021年度第一期应收账款债权融资计划，发行规模8亿元，用于支持住房租赁项目的建设及运营，成为市场首单住房租赁应收账款债权融资计划。

11月，广东省人民政府办公厅发布《关于加快发展保障性租赁住房的实施意见》，明确广州、深圳、珠海、汕头、佛山、惠州、东莞、中山、江门和湛江市是发展保障性租赁住房的重点城市。

12月，广州开发区人才教育工作集团与中国建设银行广东分行、建信基金管理有限责任公司、建信资本管理有限责任公司签署《保障性租赁住房REITs项目合作协议》，拟发行保障性租赁住房REITs。

12月，珠海华发拟在上交所启动租赁住房二号REITs 50亿元储架申报发行工作，助力华发股份迈入百亿规模住房租赁REITs产品发行行列。

12月，深圳农行联合华为完成业内首个数字人民币云侧智能合约应用场景，通过智慧租赁平台选房、签约，并支付押金和租金后，资金会到达租赁企业（房东）的数字人民币账户，租金支付日自动释放当月租金，租约到期后自动将押金退还承租方。

12月，万科泊寓与运动品牌李宁携手打造的首个国潮运动达人社区——泊寓坪山燕子岭店正式开业。

免责声明：大事记所载资料综合整理取自网络，仅供参考之用，并不构成任何投资建议，且可能会失准、不完整或未经核实，作者对该资料或使用该资料所导致的结果概不承担任何责任。

未　来

"黄尘清水三山下，更变千年如走马"，写到这里，这本书已经接近尾声。心中所思甚多，将住房租赁行业这十年来发生的事情一一道来的过程，也是我重新回顾这十年的过程。

曾经的欢欣和悲伤、振奋和颓丧、沉潜与爆发在我脑海中一一重现，而令我十分感动的是，住房租赁事业已经成为我一生为之奋斗的重要使命。

斯蒂芬·茨威格曾在《人类群星闪耀时》一书中写道："一个人生命中最大的幸运，莫过于在他的人生中途，即在他年富力强的时候发现了自己的使命。"

这是我的幸运，也是住房租赁行业中千千万万人的幸运。

写作这本书是一件异常艰难的事情，将自己提升到整个行业乃至整个时代的高度，再从一些细小的事件中找到一个支点落地，令我时常感到自己十分割裂。仿佛有两个不同的灵魂在我体内碰撞，一个说"你得从宏观视角看，这样显得更有格局"；另一个说"你得从微观视角看，这样才足够真实"。

相较于天马行空的文学创作，这本书显然更像一本行业研究书籍。如何取得宏观与微观之间的平衡，在大环境、大背景下将行业发展状况分析得全面而透彻，是我无时无刻不在思考的问题。

从开始琢磨着策划一本属于我们行业的书籍至今，已经过去了近两年时间。在此期间，我放下了很多事情，甚至有好几个月只一心扑在资料整理与书稿写作上。但有些事情远比商业利益来得重要，如果本书能够给这个行业中的哪怕一个人以启迪，那便是我莫大的成功了。

我希望借由此书，帮助前人梳理他们走过的路，让他们明白，有一个人从始至终都在关注这个行业，并愿意将这一切记录下来，无论是让前人感到骄傲与自豪，还是让后来者学到经验或知识，都是我乐于看到的。

但与其说是行业的旁观者，我更愿意称自己为亲历行业发展的同行者，与这个行业一同成长，且期待这个行业走向另一个高度。

这些企业、组织或专家的前行脚步从未停下，未来将会出现"租赁二十年""租赁三十年"，甚至延续百年的行业发展剖析。

许多住房租赁行业从业者都有这样的疑虑：租客到底去哪儿了？他们到底要什么？而另外一部分住房租赁行业从业者则反馈：客源充足，络绎不绝。

形成这种反差的重要原因是从业者对于市场状况和未来趋势的判断存在差异。关于住房租赁行业的未来走向，我大胆地做了四个预测，希望能给行业同仁一点方向。

一是住房租赁存量时代到来，住房租赁企业需要更加垂直、细分，贯穿住房租赁全周期的完整产品链条即将形成。

随着中国新生人口出生率的逐年降低，未来新生人口越来越少，每个人能够掌握的房产资源就会越来越多。这样一来，住房租赁市场的空间会被压缩。但随着人们需求的增加以及社会角色的演变，更多细分市场将出现。例如针对"空巢老人 ①"的老年公寓，针对"丁克 ②"一族的二人房，针对企业员工的员工宿舍等。

---

① 空巢老人：一般是指子女离家后的中老年人。随着社会老龄化程度的加深，空巢老人越来越多，已经成为一个不容忽视的社会问题。

② 丁克：指那些具有生育能力而选择不生育，除了主动选择不生育，也可能是主观或者客观原因而被动选择不生育的人群。

伴随着这些更为聚焦的细分市场的出现，整个住房租赁全周期中可能涉及的供应链体系将愈发完善。住房租赁企业如果希望另辟蹊径，占领一片蓝海市场，也可以从下游供应链上思考。

二是互联网新技术将对住房租赁行业产生变革性的影响。这一点在本书中也曾提及，但互联网技术发展的终点在哪里没有人知道，因而只要互联网技术不断发展，那么互联网技术应用于住房租赁行业的脚步便不会停止。住房租赁行业从业者需时刻保持对新兴互联网技术的敏锐度，思考其对于住房租赁行业的价值。

三是金融属性的轻资产模式将日益盛行。事实上，行业内部已经对资产管理模式有了取舍。除了部分有资产获取能力的大型企业，可能会往重资产模式倾斜，绝大部分住房租赁企业，都只能走风险更低的轻资产运营路线，以提供服务为主要业务，收取服务费用。

四是一线城市的住房租赁市场将日渐饱和，二三线城市的住房租赁市场将被盘活。随着二三线城市的不断发展，一线城市的人口净流入率将不断降低。在人才和租赁政策的催化下，二线城市新增人口激增，将产生大量租赁需求。而且二三线城市成为周边四五线城市或乡镇的人才汇集地，本身就有一定的房屋租赁需求。例如武汉就是湖北省内的城市腹地，吸引了大量湖北省内的人员进入，这些人员进入武汉需要解决的第一个问题就是住房问题。

在 2021 年，许多住房租赁企业已经发展出更新的风貌。

2021 年，YOU+ 迎来新的里程碑，成功落地广东省内首个合规的非住改住租赁改造项目，也是行业内第一个政府、企业、银行、协会战略合作的项目。未来，伴着各界的协助，YOU+ 会朝着房住不炒、安居乐业的指导政策，继续给行业带来更多的先例。

新经济智库长城战略咨询发布了《中国独角兽企业研究报告 2021》，报告显示，2020 年中国独角兽企业数量再创高峰，达到 251 家，分布于 27 个赛道、88 个细分赛道。其中，魔方公寓以 14.7 亿美元估值领跑数字房产赛道，成为长租公寓行业为数不多的登榜企业。

8月19日下午，建行广东省分行携手建信住房服务（广东）有限责任公司、广州城投住房租赁发展投资有限公司、广州优家投资管理有限责任公司在广州越秀国际会议中心举行了"政策协同探索、多体联动创新"保障性租赁住房战略合作签约仪式暨继园东"工改租"项目发布会。广州继园东"工改租"项目是广东省内首个有合规"出生证"的非住改租赁改造项目。

窝趣运用全链条运营体系帮助投资人、投资机构实现最快2.5年的投资回报率。当初第一个在住房租赁行业提出"轻资产"运营模式的窝趣已经发展成为行业先锋。截至2020年年底，开业超过30000间，签约超过60000间，稳定期平均出租率94.5%，续租率70%，逐渐形成了"三全"的业务体系——全链条运营体系、全产品策略、全模式合作方式。

宽寓扎根房屋租赁行业20年，拥有丰富一线业务运营管理经验，总部设立在山西太原，截至目前公司发展至全国（太原、西安、郑州、徐州、济南、昆明、成都、武汉、合肥、石家庄、长沙、南京、天津）13个城市，管理房屋40000余间，累计管理租客30万余人，管理房屋资产面积130多万平方米，综合市场占有率排行业前列。

冯玉光为小水滴制定了"三步走"战略，2025年前助力供给端，完善住房租赁一站式服务平台。再用十年至2035年，助力需求端，打造租住生活服务平台。冯玉光希望小水滴的同学能接力第三阶段，即建设居住生态，践行"用数据解码人类居住基因"的使命，实现美好居住。

安歆集团目前已经在全国25个主要城市拥有超过250家门店，床位数近15万张，为各行业超2000家头部企业近50万人次提供入住服务，并且已形成公寓综合体"安歆青年社区"、城市员工公寓"安歆集团"、白领公寓"逗号公寓"、酒店式公寓"阅庭"、校园宿舍"歆微校"五大产品线，能同时满足为企业基层员工、中高层管理人员、商旅人士、园区员工、学生群体等不同人群的综合性需求。

旭辉瓴寓和张江集团合作打造的张江纳仕国际社区在2021年8月入市。该项目是上海首块R4（租赁型）地块，项目总建筑面积逾6.5万平方米，共有17栋住宅楼约993套房源。6月，旭辉瓴寓与建信住房山东分公司住房租赁达成战略合作，落地黄台租赁社区项目。项目地处济南市天桥区核心区，建筑总面积达 2.6 万平方米，共 740 套品质公寓。9 月，旭辉瓴寓与无锡市梁溪经济发展投资集团有限公司达成战略合作，落地无锡核心区位双人才公寓项目，为城市吸引更多高端人才提供优质载体。

水滴管家系统在大客户市场处于绝对领先的垄断地位，其业财一体化、企业客户管理、报表报告体系、业务流程管控、安全场景管控等特色功能，切实切中了大客户需求痛点。

2021 年 8 月 5 日，第四届租无忧"寓言·未来"住房租赁产业高峰论坛在深圳成功举办。会找房旗下全房通凭借优质的产品及服务再次被行业认可，获得"全国最受客户信赖系统 TOP1"奖项。

优客逸家转型升级之路再获官方认可，荣获"2020 年度四川省电子商务企业 50 强"，成为唯一入选的长租公寓品牌，入选 2020 年成都市新经济"双百工程"重点培育企业；2020 年 12 月，优客逸家入选中国房地产估价师与房地产经纪人学会第四届理事，成为全国唯一入选理事的分散式长租公寓代表；2021 年上半年，优客逸家的不动产整合运营商战略全面落地推进，面向个人业主、机构业主、物业公司、街道社区基层党组织的房屋租赁管理赋能业务已在成都覆盖超 2000 个小区。

穆林教授认为，住房租赁产业必然崛起，但目前正是突破前的酝酿。未来，他将聚焦行业基础研究和人才培养体系建设，为住房租赁行业的明天服务，主要做三件事：一是推进基础研究，尤其是中外住房租赁模式对比研究；二是推进教材建设和课程建设，在大学里开设住房租赁课程，受众不少于 1000 人次；三是持续推进人才培养，每年进入行业不少于 50 人。

房东东作为长租公寓首家培训和资讯研究机构，已经给万科、华润、招商、金茂、旭辉等地产长租公寓进行超过 200 场的线上和线下培训，为行业输送了近 5000 位人才。

2020 年下半年，甘伟担任了深圳市公寓租赁行业协会会长，旗下拥有 100 多家会员企业，包括万科泊寓、建信住房、碧桂园碧家公寓、金地草莓社区、窝趣公寓、乐乎公寓等众多全国重量级住房租赁运营商，为持续提升租赁行业的规范性和专业性贡献自己的一份力量；2021 年，甘伟还创建了建寓住房服务（深圳）有限公司，全面呼应深圳建设银行的住房租赁战略，构建"金融＋运营"的租赁新生态，旗下的新品牌"木棉寓"，正在以稳健进取的姿态，砥砺前行。

2021 年，乐乎成长得更加沉稳与笃定，以"住房租赁运营服务专家"的定位，把心沉下去为行业做一些实事，推动行业的可持续健康发展，用"价值"为运营机构正名。2021 年上半年，开启了全品类发展的步伐，启动了分散式存放业务品牌"乐乎大家"，特色小镇租赁住房项目（大兴三间房村改项目）、基于乡村振兴的旧村改造项目（大兴志远庄村改项目）等项目都在紧锣密鼓的推动中，"首都中枢"项目（CCB 建融家园真武社区）已开始运营，"中国超级公寓产业地标"北京大兴机场青年公寓项目也在加紧建设与筹备中……优质项目不胜枚举。未来，乐乎将一直深信民生是租住的灵魂，以自身价值回馈社会，不辜负各方的期待。

2021 年，第四届中国城市更新论坛暨 2021 中国城市有机更新与消费场景营造大会中，新派公寓凭借创新性的长租公寓资产类 REITs 产品和优秀的资产运营能力，斩获"2020 城市更新十大资产管理机构奖"。新派成都旗舰店凭借创新性的居住产品设计与优秀的经营管理能力，荣获 2021 城市有机更新大会"十大经营楷模奖"。

……

虽然写就本书的过程艰难，但所幸在这个过程中，得到了诸多同行的帮助，行业内部对于能够促进行业发展的诸多事宜，皆愿意无条件奉献。无论是需要他们配合采访还是数次提供相关资料，大家都十分积极，对此我十分感动。由于人数众多，便不在此一一感谢，铭记于心。

刘昕
2022 年初春